Eugen Hahn

Hochzeitstag auf dem Pilgerweg

Ein Pilgerweg von Vercelli (bei Mailand) nach Rom
von und mit Hannelore und Eugen Hahn

www.tredition.de

© 2015 Eugen Hahn
Umschlag, Illustration: Eugen Hahn
Lektorat, Korrektorat: Eugen Hahn
Weitere Mitwirkende: Hannelore Hahn

Verlag: tredition GmbH, Hamburg

ISBN
Paperback   978-3-7323-3419-3
Hardcover   978-3-7323-3420-9
e-Book   978-3-7323-3421-6

Printed in Germany

Das Werk, einschließlich seiner Teile, ist urheberrechtlich geschützt. Jede Verwertung ist ohne Zustimmung des Verlages und des Autors unzulässig. Dies gilt insbesondere für die elektronische oder sonstige Vervielfältigung, Übersetzung, Verbreitung und öffentliche Zugänglichmachung.

Inhaltsverzeichnis

Anreise 1	9
Vercelli – Robbio	11
Robbio – Tromello	13
Tromello – Pavia	16
Pavia – Santa Cristina	19
Santa Cristina – Orio Litta	23
Orio Litta – Piacenza-Montale	25
Anreise 2	28
Piacenza-Montale – Fiorenzuola d'Arda	30
Fiorenzuola d'Arda – Costamezzana	32
Costamezzana – Sivizzano	35
Sivizzano – Berceto	38
Berceto – Pontremoli	40
Pontremoli – Aulla	44
Aulla – Sarzana	46
Sarzana – Pietrasanta	49
Pietrasanta – Lucca	51
Ruhetag in Lucca	54
Lucca – Ponte a Cappiano	55
Ponte a Cappiano – San Miniato Basso	58
San Miniato Basso – Coiano	60
Coiano – San Gimignano	62
San Gimignano – Abbadia Isola	64
Abbadia Isola – Siena	67
Siena – Ponte d'Arbia	70
Ponte d'Arbia – San Quirico d'Orcia	72
Ruhetag in San Quirico d'Orcia	76
San Quirico d'Orcia – Radicofani	79
Radicofani – Acquapendente	81

Acquapendente – Bolsena	83
Ruhetag in Bolsena	85
Bolsena – Montefiascone	87
Montefiascone – Viterbo	90
Viterbo – Vetralla-Cura	92
Vetralla-Cura – Sutri	94
Sutri – Campagnano di Roma	96
Campagnano di Roma – La Storta	99
La Storta – Rom	101
Rom	104
Rückreise	107
Anhang	109

Unser Weg nach Rom war zweigeteilt: Im Juni 2013 gingen wir von Vercelli, westlich von Mailand gelegen, nach Piacenza-Montale, das im Süden von Mailand liegt. Bevor wir die große Strecke von Piacenza nach Rom in Angriff nahmen, wollten wir erst einmal ausprobieren, ob wir es körperlich durchhalten, über längere Zeit täglich 25 bis 30 Kilometer zu gehen und ob unsere Ausrüstung noch ergänzt werden muss. Längere Strecken ohne Gepäck waren wir zu Hause schon gegangen, aber immer nur einen Tag.

Die Erlebnisse in dieser Woche beeindruckten uns so stark, dass wir dann Ende August 2013 aufbrachen, um von Piacenza-Montale nach Rom zu pilgern.

Die Teststrecke: Von Vercelli nach Piacenza
7. bis 15. Juni 2013

Freitag, 7. Juni

Anreise

Wir sind frühzeitig am Bahnhof (von Martina Stemmer gebracht) und warten auf den IC 2354 um 20:10 Uhr nach Köln. Kurz nach 20 Uhr kommt die Durchsage, dass der Zug 120!! Minuten Verspätung hat.

Hektisch suchen wir per Smartphone eine neue Verbindung – Informationen am Paderborner Bahnhof gibt es um diese Zeit nicht mehr – um unseren Zug mit Liegewagen in Köln zu erreichen. Um 20:16 Uhr fahren wir dann los, damit wir über Hamm nach Köln kommen. Unser Anschlusszug in Köln hat auch Verspätung (50 Minuten, Tiere auf den Gleisen). So haben wir Zeit, einen kurzen Spaziergang zu machen und uns den beleuchteten Kölner Dom bei Nacht anzuschauen. Es ist warm, die Stadt ist voller Menschen.

Samstag, 8. Juni

Anreise

Um kurz nach 0:30 Uhr fahren wir weiter und legen uns im 4er-Abteil zur Ruhe.

Basel erreichen wir um 6:30 Uhr bei strahlendem Sonnenschein. Der Zug ist zwar nicht mehr von der Reichsbahn, aber viel jünger ist er nicht. Pünktlich um 8:20 Uhr sind wir in Zürich, um 9:09 Uhr geht's mit dem EuroCity weiter nach Mailand. Der Zug ist voll besetzt, alle Plätze reserviert.

In Mailand haben wir nur kurzen Aufenthalt, um 14:15 Uhr erreichen wir den Ausgangspunkt unseres Pilgerweges: Vercelli.

Wir wählten den Nachtzug, um bei Tage anzukommen und nicht abends oder gar in der Nacht eine Herberge aufsuchen zu müssen.

Vor dem Bahnhofsgebäude setzen wir uns erst mal auf eine Bank und suchen uns eine Unterkunft aus: ein Kloster – Convento Marianisti – am Rand von Vercelli, knapp 4 Kilometer zu gehen. Auf den Straßen sind wir fast alleine, es ist schon ziemlich heiß. Im Kloster werden wir freundlich empfangen (die Pforte ist nur von 14:30 Uhr bis 16 Uhr geöffnet), wir bekommen ein Zimmer für Ehepaare mit Doppelbett, die vier Feldbetten bleiben uns erspart.

Die Frau im Büro füllt die Formulare für die Pilger aus – Beginn des Weges: Vercelli, Ende: Piacenza, Grund der Veranstaltung: 40 Jahre verheiratet; da nickt sie anerkennend – und zeigt uns dann noch Dusche und Toilette sowie den Weg nach draußen mit Schlüssel. Die beiden Schlüssel (für Zimmer und Einfahrtstor) sollen wir am nächsten Morgen einfach im Zimmer liegen lassen; das ist jedoch ein Missverständnis, wie sich am nächsten Morgen herausstellt.

Anschließend halten wir ein kurzes Schläfchen – die letzte Nacht dauerte nur fünf Stunden – und gehen dann in die Kirche. Es ist gerade Rosenkranzandacht, hinterher Heilige Messe. Wir verstehen zwar kaum ein Wort, aber das braucht man ja auch nicht. Zur Predigt setzt sich der Priester auf einen Barhocker hinter den Altar, zur Kommunion gibt es einfache Oblaten. Es ist eine schöne dreischiffige Klosterkirche mit vielen Verzierungen und Gemälden.

Nach der Messe gehen wir zum Italiener – ist ja hier nicht schwierig zu finden – den uns die Frau empfohlen hatte, da es kein Abendessen und kein Frühstück gibt, wie es im Herbergsbuch steht. Wir wollen schon um 7 Uhr losgehen, da gibt's noch Nichts zum Beißen.

Sonntag, 9. Juni   **1. Tag**

Vercelli – Robbio

Um 7 Uhr brechen wir auf, aber wir kommen ohne Schlüssel nicht raus. Es hilft nichts, wir müssen die Frau wecken (nach längerem Rufen und Klopfen finden wir sie). Sie erklärt uns heute, dass wir den Torschlüssel außerhalb in einen Briefkasten werfen sollen. Dieser ist dann tatsächlich 20 Meter neben dem Tor; dort kommt man aber auf dem Weg zur Vorderseite des Klosters nicht vorbei.

Auf dem Weg zum Ortsausgang nehmen wir ein kleines Frühstück in einer Hotelbar ein. Bald kommen wir auf die Hauptstraße nach Novara. Zum Glück ist heute kaum Verkehr – es ist ja Sonntagmorgen – denn auf der Brücke des Sesia befindet sich eine Baustelle mit zwei Autospuren, aber keinen Seitenstreifen.

Bald geht es rechts ab in die Reisfelder, und außer Hundegebell ist nichts mehr zu hören. Auch das verstummt bald, und wir sind alleine zwischen den Reisfeldern. Hier quaken die Frösche und ein paar große Möwen schreien. Außerdem sind noch weiße Reiher unterwegs. Auf langen Kieswegen wandern wir dahin. Die Via Francigena ist bestens ausgeschildert. Sie folgt nicht ganz genau unserer Karte, aber der Weg ist nicht zu verfehlen.

In Palestro machen wir eine kurze Pause. Zwischendurch kommen wir an einer langen Schlange vorbei, die sich auf dem Weg zusammengeringelt hat.

Um 12 Uhr sind wir in Robbio am Pfarrhaus am Piazza San Stefano und treffen auch gleich den Pfarrer, da die Messe gerade aus ist. Er stempelt unsere Ausweise und fährt uns mit seinem Auto zum Rathaus, wo er uns ein einfaches Zimmer mit zwei Betten und ein kleines Badezimmer zeigt. Er scheint sich etwas zu schämen, da das Zimmer recht unordentlich ist. Er übergibt uns die Schlüssel zum Zimmer und zum Eingangstor zum Innenhof, die sollen wir morgen einfach im Zimmer liegen lassen.

Als wir ein Fußbad in der Sitzwanne nehmen, hören wir Stimmen in unserem Zimmer. Ich hänge mir ein Handtuch um und sehe nach. Ein weiterer Pilger verschwindet gerade im Zimmer dahinter (er musste den Eingang durch unser Zimmer nehmen) und vor unserer Zimmertür steht eine junge Polizistin. Sie grüßt freundlich, grinst und verschwindet. Nach dem Fußbad machen wir einen kurzen Erholungsschlaf und anschließend einen Stadtrundgang. Den ganzen Tag fällt uns auf, dass alle Menschen uns freundlich grüßen, viele uns einen guten Weg wünschen und selbst viele Autofahrer uns zuwinken. Für das Zimmer hat der Pfarrer übrigens nichts verlangt!

Der Himmel ist an diesem ersten Pilgertag meist bewölkt, manchmal fallen Tropfen herunter. Ab 16 Uhr regnet es leicht, nach dem Abendessen beim Italiener – es gibt heute natürlich Risotto wegen der Reisfelder – regnet es heftiger.

Unser Pilgerkollege geht mit uns zum Essen, setzt sich aber alleine an einen Tisch und arbeitet an seinem Laptop. Am Abend erzählt er uns, dass er von Rom aus bis nach Frankreich geht.

Heute sind wir für D. und S. gelaufen.

Montag, 10. Juni   2. Tag

Robbio – Tromello

Wir haben heute unseren 40. Verlobungstag und gehen deshalb für uns.

Kurz vor 5:30 Uhr geht unser Pilgerkollege bepackt auf dem Balkon vor unserem Fenster vorbei. Er hat wahr gemacht, was er uns gestern Abend sagte: Damit er uns am Morgen nicht stört, will er aus dem Fenster steigen, wenn er aufbricht. Obwohl wir ihm versicherten, dass es uns nichts ausmacht, ist er doch nicht durch unser Zimmer gegangen.

Wir stehen auf, machen Ordnung im Raum und brechen gegen 6:30 Uhr auch auf. Auf dem Bett lassen wir eine Spende zurück. In der Bar gegenüber nehmen wir ein kleines Frühstück ein und machen uns auf den Weg. Ein Mann auf dem Weg zur Arbeit erklärt uns ausführlich den Weg bis zum nächsten Ort. Das hätte er nicht gebraucht, alles ist bestens ausgeschildert; aber er hat das Bedürfnis, uns zu helfen.

Es geht wieder durch die Reisfelder, die aber nicht so professionell angelegt sind wie die, durch die wir gestern kamen. Es gibt hohes Gras, Schilffelder und jetzt auch Stechmücken, da es heute Nacht heftig regnete und es langsam schwül wird.

Wir kommen durch Nicorvo, das für die Via Francigena wirbt. Hier könnte man auch in einem Kloster übernachten; wir besuchen aber nur die schöne Dorfkirche, nehmen uns einen „Timbro" (Stempel) und gehen weiter.

Eine lange Landstraße liegt vor uns. Doch bald biegen wir wieder in die Reisfelder ab und kommen an Bauernhöfen vorbei.

In Madonna del Campo besuchen wir die Kirche, die uns vorher von einer Frau vom Vorplatz einer Villa aus angepriesen wurde. Auch dies ist wieder eine sehr schöne Kirche mit vielen Gemälden, schlichte Kirchen gibt es hier nicht. Auch an Friedhöfen mit mächtigen Grabstätten kommen wir vorbei.

In Mortara verfehlen wir den Weg, weil der Übergang zum Bahnhof wahrscheinlich wegen einer Baustelle nicht richtig zu sehen ist. Wir finden zwar einen Übergang in der Nähe, aber da wir nicht gleich erkennen, dass es der falsche ist, verfehlen wir die Richtung. Deshalb müssen wir ein paar Kilometer mehr gehen, um zur Abbazia di Sant'Albino zu gelangen. Dort werden wir nicht so ganz freundlich empfangen, wir bekommen nur einen Stempel, wenn wir auch dort schlafen. Das wollten wir, wir könnten uns aber erst um 19 Uhr anmelden. Daraufhin verabschieden wir uns und setzen uns auf eine Parkbank in der Nähe, um etwas zu essen und zu beraten. Es ist jetzt 11:30 Uhr, wir waren ca. 20 Kilometer gegangen und beschließen, weiter nach Tromello zu gehen.

Es wird wärmer und die Beine werden schwerer, besonders bei Hanni. Der Weg will kein Ende nehmen, eine Biegung folgt der anderen.

Vor einem Bahnübergang sehen wir eine junge Afrikanerin auf einem kaputten Stuhl sitzen und Maniküre an ihren Fingern betreiben. Wir denken uns nichts dabei und gehen vorüber. Doch einige hundert Meter hinter dem Bahnübergang sitzt eine weitere Frau und nun denken wir uns, dass das Prostituierte sind. Am Abend erfahren wir dann von Hanna, dass es viele dieser Frauen gibt und sie im Winter sogar Holzpaletten hinter sich her schleppen, die sie dann an ihrem Platz verbrennen, um nicht zu frieren.

Doch endlich stehen wir am Ortseingang von Tromello.

Ein älterer Herr auf einem kleinen Fahrrad spricht uns an und sagt, er sei Assistent für die Pilger der Via Francigena. Sein Fahrrad ist vorne rot, in der Mitte weiß und hinten grün gestrichen – die italienischen Farben. Auf dem Rahmen prangt die Aufschrift „Via Francigena". Er geht mit uns bis in die Ortsmitte – ca. eineinhalb Kilometer – und führt uns in die Bar „Via Francigena", die Pilgerbar. Wir bekommen jeder eine Flasche gekühltes Wasser und zusammen einen Beutel Kekse. Außerdem gibt es einen schönen Pilgerstempel.

Dann gehen wir in die Ostello für Pilger. Es ist ein Zimmer mit drei Betten und ein Badezimmer über einer Bar. Der Assistent will uns zum Abendessen in die Bar überreden, aber wir müssen leider ablehnen, da wir uns am Abend mit Hanna und Andrea zum Essen treffen wollen. Da ist er etwas enttäuscht.

Hanni ist sehr kaputt (nach 34 Kilometern kein Wunder) und nach Dusche und Fußbad muss sie erst mal ruhen. Ich mache Wäsche und schreibe das Tagebuch.

Als wir am Abend auf dem Dorfplatz warten, fragt uns eine junge Frau, ob wir Pellegrini wären und aus welchem Land wir kämen. Auch am Nachmittag fragte uns schon mal ein Radrennfahrer, woher wir stammen würden. Die Menschen hier sind immer wieder sehr freundlich zu uns Pilgern, und wenn sie erfahren, dass wir aus Deutschland stammen, sind sie ganz begeistert.

Am Abend gehen wir mit Hanna (das ist die Tochter meines Studienkollegen Bernhard) und Andrea (das ist ihr Freund, ein Italiener) in einer Osteria essen, die etwas außerhalb von Mortara liegt.

Dienstag, 11. Juni   **3. Tag**

Tromello – Pavia

Wir kommen heute nicht ganz so früh aus den Federn, weil wir gestern spät ins Bett kamen. Nach dem Frühstück kommen wir wieder durch die Reisfelder, aber es ist jetzt auch immer mehr Mais und Getreide zu sehen.

Ein paar Kilometer vor Garlasco schlagen wir die blaue Route ein und umgehen Garlasco. So kommen wir in das kleine Dorf Bozzola, wo wir die schöne Kirche „Madonna delle Bozzole" besuchen. Dies ist wieder eine wunderbare Kirche, wie eine kleine Kathedrale in Kreuzform. Viele Fresken, Bilder und Altäre. Weiter geht es Richtung Gropello Cairoli, wo wir kurz vor dem Ort noch einen Friedhof mit vielen riesigen Gruften besuchen. Vorher mussten wir noch zwischen einer Herde Esel durch, die auf und neben dem Weg graste.

In Gropello Cairoli angekommen, rufen uns vor der Chiesa San Giorgio zwei italienische Pilger zu. Sie sind ganz begeistert, zwei weitere Pilger zu treffen, und begrüßen uns herzlich. Die umstehenden Menschen sehen wir gar nicht mehr, Erfahrungen werden ausgetauscht; wir haben noch nicht viel beizusteuern, aber die beiden älteren Herren können uns viele Tipps für die Unterkünfte Richtung Rom geben. Sie sind auf dem Weg von Rom nach Santiago de Compostella.

Nur einer der beiden spricht etwa drei Worte deutsch, keiner englisch. Bald verabschieden wir uns, gehen noch in die Kirche – wieder eine Kirche mit vielen Gemälden und Fresken und vielen frischen Blumen, wie in allen Kirchen – und unsere Wege trennen sich wieder.

In einem „Tante-Emma-Laden" kaufen wir eine Kleinigkeit für das Mittagessen und machen Pause auf einer Bank. Dann machen wir uns wieder auf den Cammino – viele Menschen wünschen uns „Buon cammino" – Guten Weg – oder „Buon viaggio" – Gute Reise.

Bis nach Villanova d'Ardenghi haben wir noch schönen Kiesweg – hier stürzen wir uns auf den Dorfbrunnen wie durstige Kühe – aber dann gibt es nur Landstraße in der Sonne bis Pavia, etwa 13 Kilometer.

Im Schatten eines Bauernhofes legen wir uns für eine Stunde in das Gras und halten Siesta. Den Weg am Ticino entlang sparen wir uns, dort ist das Territorium der Stechfliegen, sagten uns die beiden Pilger in Gropello Cairoli. Aber der Marsch in der Sonne ist auch recht zermürbend.

Ziemlich schlapp und kaputt kommen wir an der Ponte Coperto – die „bedeckte Brücke" – in Pavia an und machen erst mal Pause.

Da wir auf dem Weg an keinem Brunnen und keinem Geschäft vorkamen, um unsere Wasserflaschen aufzufüllen, gehe ich los, um eine große Flasche „acqua minerale" zu kaufen. Sie ist innerhalb von wenigen Minuten leer.

Pavia ist ungefähr so groß wie Paderborn, aber irgendwie viel eindrucksvoller, besonders die Fußgängerzone.

Nachdem wir uns etwas erholt haben, begeben wir uns über die Brücke in die „Chiesa di San Michele", ein recht schmuckloser großer Sakralbau.

Ponte Coperto, Pavia

Wir bekommen einen Stempel und erkundigen uns bei den Kirchenwächtern nach Schlafmöglichkeiten. Der Mann spricht nur italienisch, die Frau auch englisch. Auf meine Aussage, dass eine der angebotenen Ostelli doch ziemlich außerhalb liegen würde, meinte sie, Pavia sei nur ein Dorf und alles leicht zu Fuß zu erreichen. Sie hat heute aber auch noch nicht über 30 Kilometer mit Rucksack zurückgelegt.

Dann meinen die beiden, ganz in der Nähe sei die Caritas, und der Herr führt uns hin. Das scheint ihm ganz gelegen zu kommen, denn dabei kann er sich eine Zigarette anstecken.

Die Caritas will uns aber nicht beherbergen, aus welchen Gründen auch immer. Immerhin kann ich den Pförtner dazu bewegen, im Pfarrhaus Santa Maria in Betlem anzurufen, damit wir diesen Weg nicht auch noch umsonst machen. Also gehen wir wieder über die Brücke zurück und noch 300 Meter weiter.

Dort in Santa Maria in Betlem – ein Pfarrhaus vom Feinsten – werden wir vom Pfarrer Don Armando herzlich empfangen. Nach den Formalitäten und dem Bezahlen – „der Direktor will das Geld, nicht ich" – können wir das Zimmer beziehen. Diese Unterkunft ist unbedingt weiter zu empfehlen (20 Euro pro Person, Nicht-Pilger 22 Euro). Wir dürften auch im Pfarrgarten promenieren, aber dazu ist uns jetzt nicht mehr zu Mute.

Am Abend gehen wir noch etwas essen und machen einen kurzen Bummel durch die Stadt.

Heute sind wir für meine Mutter Hermine gelaufen, die heute 95 Jahre alt wurde.

Mittwoch, 12. Juni   4. Tag
Pavia – Santa Cristina

Da ich gestern spät in das Bett kam – wegen der Lyrik, die ins Heftchen musste – kommen wir erst um 7:30 Uhr los. Wir klingeln bei Don Armando, um die Schlüssel abzuliefern und uns zu verabschieden. Der Fernseher ist zu hören, also ist er wach. Aber er muss sich erst noch etwas anziehen. Wir loben sein Pfarrhaus und er freut sich.

Es folgen kurze Besuche in der Kirche und in der Bar. Dann besichtigen wir noch den Dom und machen uns auf den Weg, vorbei an San Michele. Es dauert noch einige Zeit, bis wir die Stadt hinter uns haben, dann führt uns der Weg wieder durch die Felder. Durch kleine Ansiedlungen und Dörfer hindurch kommen wir nach Belgiosioso. Hier wollten wir ursprünglich einmal übernachten, was aber durch die Verlängerung des

Weges am zweiten Tag hinfällig wurde. Am Abend wussten wir dann, warum der Weg so schöner war.

In Belgioioso machen wir auf einer Parkbank im Schatten eine längere Pause und füllen unsere Wasserflaschen auf. Die Kennzeichnung des Weges ist in dieser Region nicht mehr so professionell wie zu Anfang, und man muss die Augen offen halten, um nicht falsch zu gehen. Vor und hinter einer Bahnunterführung müssen wir ein paar hundert Meter hin und her gehen, um den rechten Weg zu finden. Er führt durch einen kleinen Wald, in dem der Boden frisch (seit ein paar Tagen vielleicht) gepflügt ist und kein Weg vorhanden ist. Nur an einigen kleinen Pfeilen an den Bäumen kann man noch die Richtung erahnen.

Dann kommen wir auf einen Trampelpfad im Urwald, der mit verbleichtem Trassierband gekennzeichnet ist. Aber wir finden die Brücke über den Fluss, die im Plan eingetragen ist. Danach geht es etwa 500 Meter an einer stark befahrenen Hauptstraße entlang, mit vielen LKWs, bei deren Vorbeifahrt man fast in den Straßengraben steigen muss, denn es gibt keinen Seitenstreifen.

Bald kommen wir nach Corteolona, wo wir wieder eine ausgiebige Pause einlegen. Heute sind die Gelegenheiten für Pausen häufiger – das ist auch nötig – als gestern, wo wir nur auf der endlosen Straße liefen. Eine Temperaturanzeige zeigt 29 °C, gestern kam es uns noch wärmer vor. Und wir gehen oft in der Sonne. Inzwischen spüren wir sämtliche Knochen und Muskeln.

Am Ortseingang von Santa Cristina e Bissone bellt uns wieder ein Hund an, der sich hinter einem großen Gittertor zu einer metallverarbeitenden Firma nicht beruhigen kann. Dadurch werden einige Männer auf uns aufmerksam, die uns nicht vorbei ziehen lassen wollen. Das Tor wird geöffnet, der Hund in die Ecke gescheucht, und wir werden in das Büro der Firmenhalle gebeten. Dort bekommen wir erst ein paar Kirschen, dann eine große Flasche Wasser und schließlich jeder noch einen Cappuccino. Wir unterhalten uns mit dem Firmenbesitzer (ca. 75 Jahre), dessen Sohn und Enkel. Es sind auch noch ein paar weitere Arbeiter da, alle im gleichen Arbeitsanzug. Die Firma stellt Wellen als Zulieferer für einen Maschinenproduzenten her. Bald verabschieden wir uns, machen noch ein Foto – mit Hund – und ziehen mit guten Wünschen weiter.

Heute bellten uns wieder viele Hunde an, wir nehmen es jetzt wie bei den Menschen – als Willkommensgruß. Alte Schäferhunde begnügen sich mit einem „Wuff" und lassen ihre Vasallen, die kleinen Wadenbeißer, bellen.

Außerdem stellen wir fest, dass die Italiener große Liebhaber von Gartenzwergen sind. Es sind hier viel mehr zu sehen als bei uns in Deutschland. Schneewittchen ist auch meistens dabei.

Nach etwa 300 Metern sind wir, wie von den Herren angekündigt, am heutigen Ziel angelangt. Wir gehen erst einmal in die Kirche San Bartolomeo. Als wir anschließend mehrmals nebenan am Pfarrhaus läuten, öffnet uns niemand. Enttäuscht wollen wir uns ein schattiges Plätzchen suchen, um am Abend wieder zu kommen. Da kommen zwei Jugendliche aus dem Seiteneingang und bedeuten uns, dass wir nach hinten gehen sollten. Dort ist das Gemeindezentrum, die Jugendlichen von der „KJG" streichen gerade die Wände des Innenhofes – laute Musik gehört dazu – und die Rentner sitzen innen im Lokal und spielen Karten. Wir bekommen Schlüssel für das Zimmer und die Außentür.

Nachdem wir geduscht haben, gehen wir wieder nach unten in den Tagesraum, um den Pfarrer zu begrüßen, der den Jugendlichen gerade zeigt, wie man den Fußboden schrubbt, um die Farbe zu entfernen. Don Antonio ist etwa fünfzig Jahre alt. Als wir ihm unsere Pellegrini-Ausweise zeigen, ruft er einen der Kartenspieler her, damit er uns den „Timbro" in die Ausweise drückt. Auf meine Frage nach den Übernachtungskosten zeigt er auf eine Spendenkiste auf dem Tresen. Dann sage ich noch zu Don Antonio, dass er morgen wohl Namenstag hätte. Er freut sich, dass ich das weiß und erzählt, er bekäme morgen einen Kuchen von den Jugendlichen.

Für unsere Unterhaltung holt er sich einen Jugendlichen vom Innenhof zum Übersetzen; der läuft aber nach zwei Sätzen wieder weg, weil er keine Lust hat, den Dolmetscher für ältere Herrschaften zu spielen. Also muss er sich eine andere Dolmetscherin holen. Dann fragt er noch, wo wir morgen hin wollten.

Auf unser Antwort: „Orio Litta" sagt er, da müsse man vorher anrufen. Ich bitte ihn, das für uns zu tun, da wir ja kein italienisch sprechen, und sofort nimmt er sein iPhone und wählt die eingespeicherte Nummer des dortigen Bürgermeisters. Nach ein paar Worten reicht er mir das Gerät und sagt, Pier Luigi spricht englisch. Pier Luigi Cappelletti sagt mir, wir sollten uns melden, wenn wir an der Brücke über den Fluss sind, dann erwartet er uns.

Nun erzählt uns Don Antonio noch, dass er uns heute Mittag schon in Belgiosioso gesehen hätte, als wir Pause machten.

Am Abend gehen wir zum chinesischen Italiener in die Pizzeria zum Essen, der uns von Don Antonio empfohlen wurde. Hier gibt es spezielles Pilgeressen zum Sonderpreis. Nach der Rückkehr in das Gemeindehaus bekommen wir noch einen Limoncello und gehen dann schlafen.

Heute sind wir für S. G. gegangen.

Donnerstag, 13. Juni   5. Tag
Santa Cristina – Orio Litta

Wir frühstücken an der Bar gegenüber und winken Don Antonio zu, der gerade wegfährt. Dann wandern wir los durch die Felder, das Gras ist nass. Die Schuhe werden dabei schmutzig, aber wenn es trocken und heiß wird, laufen sich die Schuhe wieder sauber. Bald kommen wir durch einige Dörfer, besuchen Kirchen, zünden Kerzen an, es wird wärmer. Aber es ist angenehm zu gehen, da ein leichter Wind weht. Zwischendurch legen wir Pausen ein, Hanni muss Sandalen anziehen, da sie eine Schwellung am Knöchel hat. Später machen wir einen Verband um den Knöchel und sie kann wieder die Wanderschuhe anziehen.

Nachdem wir die Brücke über den Lambro passiert haben, rufen wir beim Bürgermeister in Orio Litta an und kündigen unsere Ankunft für 13:30 Uhr bei der Kirche an. Dort warten wir dann im Schatten und pünktlich erscheint ein junger Mann, der uns die Unterkunft zeigt und den Schlüssel gibt.

Die Glocken der Kirche spielen zu jeder vollen Stunde eine Melodie. In der Nacht schweigen sie.

Der Bürgermeister erscheint um 18:30 Uhr und begrüßt uns herzlich. Er erzählt uns einiges zur Geschichte von Orio Litta (in englischer Sprache) und erkundigt sich, von wo bis wo wir gehen, wo wir wohnen und erzählt uns, dass wir heute 31 °C gehabt hätten. Er versucht den Fährmann telefonisch zu erreichen (das hatte ich auch schon mehrfach versucht) und macht unsere Übernachtung in Piacenza-Montale klar. Er erklärt uns auch, wo wir den Schlüssel abzuholen hätten. Wir wussten gar nicht, dass man sich da anmelden musste und der Schlüssel in einem Kloster abgeholt werden musste. Er unterhält sich dann noch mit der Französin, die mit uns im Turm wohnt (im Zimmer über uns). Dann werden noch Fotos gemacht und Pier Luigi (etwa 50 Jahre alt) wünscht uns einen guten Weg und verabschiedet sich.

Am Abend gehen wir in der „Vecchia Osteria" zum Essen. Hier müssen wir noch der Wirtin beibringen, den Fährmann anzurufen, damit er uns morgen früh über den Po bringt. Sie spricht nur italienisch, der Fährmann auch, aber wir können uns „mit Händen und Füßen" auf ½ 10 Uhr einigen, obwohl wir schon um 8 Uhr fahren wollten, das war ihm aber zu früh.

Heute sind wir für unsere Freunde gegangen.

Herberge in Orio Litta

Freitag, 14. Juni   6. Tag
Orio Litta – Piacenza-Montale

Wir stehen um 6 Uhr auf, die Französin ist schon um Viertel nach Fünf gegangen. Frühstück in der Bar, um ½ 9 Uhr sind wir am Po und erwarten Danilo Parisi, den Fährmann.

Bei Corte Sant'Andrea unterbricht noch ein Bauer seine Arbeit auf dem Feld und steigt vom Traktor, um sich mit uns zu unterhalten.

Pünktlich um ½ 10 Uhr kommt ein Motorboot den Fluss heraufgefegt, und dann begrüßt uns Danilo Parisi freundlich. Er brachte seinen Enkel (etwa zehn Jahre alt) mit. Wir und die Rucksäcke werden in das Boot verfrachtet und schon geht es stromabwärts. Die Hüte nehmen wir ab, sie würden sonst davonfliegen, so rasant ist das Tempo. Wir haben die ganze Flussbreite für uns, weit und breit ist niemand zu sehen. Rechts und links des Stroms sind in einigem Abstand hohe Deiche, um das Hinterland vor Hochwasser zu schützen.

Nach knapp 10 Minuten ist die Bootsfahrt zu Ende und wir gehen alle zusammen zu Danilos Haus. Dort tragen wir uns in das große Buch der Pilger ein (es ist sein drittes, sagt er) und bekommen einen Stempel. Kurz vor 10 Uhr ziehen wir mit guten Wünschen weiter Richtung Piacenza. Nun kommen wir durch Felder mit kleinen Tomatenpflanzen.

Vor Piacenza müssen wir auf einer stark befahrenen Brücke mit einem nur einen halben Meter breiten Seitenstreifen die Trebbia überqueren (etwa 700 Meter). Dann geht es ewig lang geradeaus Richtung Stadtzentrum. Hanni ist schon ziemlich fertig.

Der Dom ist von 12 bis 16 Uhr geschlossen, deshalb machen wir erst mal eine Pause im Schatten des Doms. Anschließend will Hanni in einem kleinen Park auf mich warten, während ich mich am Bahnhof nach der Abfahrt des Zuges am nächsten Tag erkundigen will. Da aber der Park nicht sehr einladend wirkt, gehen wir zusammen zum Bahnhof. Anhand eines kleinen Stadtplanes, den wir im Café bekamen, stellen wir schnell fest, dass es nicht sehr weit ist.

Nun schleppe ich Hanni weiter nach Montale. Es sind noch fast fünf Kilometer. Unterwegs holen wir im Kloster San Lazzaro den Schlüssel für unsere Unterkunft ab. Diesen hatte Pier Luigi Cappelletti freundlicherweise ja schon gestern für uns vorbestellt.

Als wir an der Ostello in Montale ankommen, ist die Französin schon da. Wir kommen uns vor wie der Hase, wenn der Igel sagt: „Ätsch, hier bin ich." Gestern sagte sie uns, dass sie in Piacenza übernachten wolle und wir erzählten ihr von Montale. Sie macht den Eindruck, dass sie immer die Erste sein will, um das schönste Zimmer zu bekommen. Auch das Trockengestell für die Wäsche belagert sie wie gestern fast vollständig.

Nachdem wir geduscht, Wäsche gewaschen und Hannis Blasen verarztet haben (Faden durchziehen und Pflaster drauf kleben), fahren wir mit dem Bus in die Stadt zurück. Wir dachten nicht mehr daran, dass man in Italien die Busfahrkarten im Tabakladen kaufen muss, und so fahren wir eben schwarz.

Der Dom ist innen recht dunkel und deshalb kann man die vielen Deckengemälde nicht richtig erkennen. Die Kirche San Antonio ist innen sehr prunkvoll. Wir schlendern noch einige Zeit durch die Altstadt und fahren kurz vor 20 Uhr zurück nach Montale (diesmal mit Fahrkarte). Vor dem Abendessen tragen wir uns noch in das Registrierbuch ein und schreiben einen Kommentar in das Tagebuch, wie es in vielen Herbergen üblich ist.

Dann gehen wir in die Osteria „La Laconda di Minny", wo wir sehr herzlich empfangen werden. Vater und Tochter bewirten uns mit einem Pilgermenü, das die Mutter kocht. Es ist kein einfaches Lokal, sondern eine gehobene Osteria, sehr zu empfehlen.

Heute sind wir dafür gegangen, dass uns im Herbst das große Stück des Pilgerweges von Piacenza bis nach Rom gelingen möge.

Samstag, 15. Juni

Rückreise

Wir stehen schon vor 6 Uhr auf und machen uns reisefertig. Zum Abschluss unseres Pilgerweges gehen wir noch in die Hauskapelle.

Als wir das Ostello verlassen wollen, ist die Haustür abgeschlossen. Die Französin ist schon weg, also muss sie den Schlüssel mitgenommen haben. Überhaupt ist sie uns sehr suspekt. Im Buch hat sie keine Adresse eingetragen (man darf hier übrigens nur eine Nacht dableiben), und als wir zur Bushaltestelle gehen, versteckt sie sich hinter einem Busch, bis wir abgefahren sind. Vorgestern mokierte sie sich noch, weil wir ein Stück mit dem Boot auf dem Po fahren wollten, und heute steht sie selbst an der Bushaltestelle. Dieses trübt etwas unseren sehr positiven Eindruck des Pilgerweges.

Wir frühstücken, bummeln dann noch etwas durch die Altstadt und kaufen Verpflegung für die Rückfahrt (eine sehr hilfsbereite Frau führt uns mehrere hundert Meter durch Marktstände und Gassen zu einem guten Bäckerladen, den wir nie gefunden hätten). Unsere Stimmung ist wieder sehr positiv.

Gestern war es recht warm; es wurde behauptet (von Hanni), es wären 34 °C in der Stadt gewesen. Unterwegs bellte uns eine große Dogge an – im Liegen, zum Aufstehen war es ihr wohl zu heiß.

Um 9:30 Uhr treten wir die Rückfahrt von unserem eindrucksvollen Pilgerweg an.

Der Weg: Von Piacenza-Montale nach Rom
23. August bis 26. September 2013

Freitag, 23. August

Anreise

Nachdem wir die Freitagabend-Messe besucht hatten und uns anschließend einen Reisesegen bei Pastor Thomas Choinsky abholten, kann die Reise losgehen. Diesmal bringt uns Andreas Krawinkel zum Bahnhof. Mein rechter Fuß, mit dem ich in den letzten sechs Wochen Probleme hatte, schmerzt noch etwas, aber das soll unser Vorhaben nicht in Frage stellen.

Der Zug fährt diesmal pünktlich ab, aber in Hamm haben wir wegen technischer Probleme über 40 Minuten Aufenthalt. In Köln bekommen wir noch unseren Anschlusszug mit Schlafwagenabteil. Das ist doch erheblich angenehmer als ein Liegewagenabteil. Außerdem gibt es am Morgen noch ein kleines Frühstück. Bald sitzen wir am Züricher Bahnhof in der Sonne und warten auf den nächsten Zug nach Mailand.

Samstag, 24. August

Anreise

Am Nachmittag treffen wir in Piacenza ein. Mit leichten Schwierigkeiten kommen wir wieder an den Schlüssel zur Ostello und belegen wieder dieselben Betten, in denen wir im Juni schon einmal schliefen. Am späten Nachmittag machen wir noch einen Stadtbummel und entzünden eine Kerze im Dom. Da die einzige Bar in Montale geschlossen hatte, konnten wir wieder keine Busfahrkarte kaufen. Der Busfahrer meinte nur „No problemo" und nimmt uns mit.

Als wir am Abend in der Osteria „La Laconda di Minny" wieder zu Abend essen wollen, hat sie wegen der Sommerferien geschlossen. Der Besitzer führt außen gerade Reparaturen durch und erkennt uns sofort wieder. Seine Frau kommt dazu und sie beratschlagen, wo wir in der Nähe essen könnten, da wir ja zu Fuß sind. Dann fährt er uns zwei Kilometer Richtung Piacenza und lädt uns vor zwei Lokalen ab, die um 19 Uhr öffnen. Wenn wir bis 20 Uhr gewartet hätten, dann hätten sie zu Hause für uns gekocht. Aber da wäre es recht spät geworden mit dem Essen, und wir wollten morgen früh um fünf Uhr aufstehen und den Pilgerweg beginnen.

Als wir nach dem Essen in leichtem Regen zurückgehen nach Montale, hupt uns der Fahrer eines entgegenkommenden Pritschenwagens an. Es ist wieder der Besitzer des „La Laconda di Minny". Wir winken ihm fröhlich zu und gehen weiter. Er wendet, hält an, befreit die Beifahrersitze von Geräten und Gerümpel und fährt uns den letzten Kilometer zu unserer Herberge zurück. Auf unser „Grazie, mille" meint er nur: „Ristorante full service" und verabschiedet sich herzlich.

Außer uns übernachtet noch ein italienischer Fahrradfahrer in der Ostello von Montale.

Sonntag, 25. August   **1. Tag**

Piacenza-Montale – Fiorenzuola d'Arda

Kurz vor sechs Uhr brechen wir auf zur 1. Etappe unseres Weges. Es ist noch dunkel, und so lege ich mir ein Leuchtband über, weil uns der Weg an der Staatsstraße 9 entlang führt. Da es Sonntag ist, hält sich der Straßenverkehr in Grenzen. Wir sind noch so mit dem Einlaufen beschäftigt, dass wir eine Abzweigung übersehen. Macht aber nichts, das ist nur eine kleine Schleife abseits der Straße, um dem Verkehr aus dem Weg zu gehen, und so sparen wir etwa 300 bis 500 Meter. Wir müssen ein paar Mal die Straßenseite wechseln, da die Straße keinen Seitenstreifen hat und die großen Hunde direkt hinter den Zäunen an der Straße uns heftig anbellen.

In Pontenure suchen wir erst mal eine Bar auf – es ist inzwischen sieben Uhr – und nehmen einen Cappuccino und ein herrlich schmeckendes Schokoladenbrioche zu uns, Hanni zusätzlich noch einen Espresso, sie hätte sonst kreislaufmäßig etwas Schwierigkeiten bekommen. Auf dem weiteren Weg stelle ich dann fest, dass ich ohne Wanderstöcke wegen meines schmerzenden Fußes gar nicht hätte gehen können.

Nachdem es hell geworden ist – die Sonne kommt nicht raus – ist es bewölkt und diesig. Irgendwann, so nach acht Uhr, wir sind inzwischen auf Feldwegen unterwegs, fängt es an zu regnen und wir können unsere neu erworbenen Kraxenponchos ausprobieren. Sie sind sehr gut, aber schon nach einer halben Stunde können wir sie über die Rucksäcke hängen zum Trocknen.

Die Sonne kommt zwischen den Wolken hervor.

Bald gelangen wir nach Fiorenzuola d'Arda, wo wir von hilfsbereiten Menschen zur Chiesa San Fiorenzo geleitet werden. Kurz vor zwölf Uhr kommen wir in ein Festhochamt, das von einem Bischof und mehreren Priestern zelebriert wird. Es ist das Fest der Blutspende-Organisationen der umliegenden Orte (Associazione volontario italian sangue = AVIS).

Nach der Messe warten wir noch eine Weile, damit der Pfarrer erst den Bischof verabschieden kann, bevor wir um Quartier ersuchen. Doch als wir am Pfarramt läuten, kommen gerade alle Zelebranten heraus. Wir unterhalten uns noch kurz mit dem Bischof, es ist Bischof Gianni Ambrosio aus Piacenza, – er interessiert sich für unser Vorhaben, Kardinal Marx ist ihm als großer, kräftiger Mann ein Begriff, wir sagen ihm, dass er genau wie wir aus Paderborn kommt, das wiederum wusste er auch – und dann gibt er uns noch seinen Segen mit auf den Weg. Er schwingt sich in einen Geländewagen, der von einem der Priester gefahren wird, und entschwindet.

Nun zeigt uns Pfarrer Don Gianni Vincini unsere Unterkunft und wir legen uns kurz zur Ruhe.

Bei einem Rundgang am Nachmittag stellen wir fest, dass kaum eine Bar geöffnet hat. Auch mit dem Abendessen ist es schwierig, es sind noch Ferien (bis 26. August) und daher sind noch die meisten Restaurants geschlossen. Mit viel Glück finden wir nach langem Suchen eine kleine Pizzeria.

Wir gehen wieder früh zu Bett, da wir morgen wieder sehr früh losgehen wollen. In unserer Herberge sind inzwischen noch weitere Pilger angekommen. Es sind zwei Frauen aus Dresden, die den Weg aber eher als eine sportliche Herausforderung sehen. Sie gehen von Mailand nach Rom, wo sie am 18. September ankommen wollen (später erfahren wir, dass sie bis zum 21. September brauchten). Am Abend kommt noch ein junger Spanier hinzu.

Montag, 26. August 2. Tag
Fiorenzuola d'Arda – Costamezzana

In der Nacht gab es ein heftiges Gewitter mit starkem Regen wie in der Nacht zuvor auch. Mir wurde schon angst und bange, wenn ich an den nächsten Tag dachte. Aber am Morgen hatte sich das Wetter beruhigt, dafür erwachte die Stadt zum Leben.

Als wir um sechs Uhr losgehen, nachdem wir am Brunnen unsere Wasserflaschen gefüllt hatten – gestern hatten wir kein geöffnetes Geschäft gefunden, um Wasser zu kaufen – haben schon einige Bars geöffnet. Wir nehmen das übliche Frühstück ein – Cappuccino mit Brioche – und suchen unseren Weg. Nach einigen Hundert Metern stellen wir fest, dass der ausgeschilderte Weg nicht unserer Karte entspricht und wir gehen wieder ein Stück zurück. Irgendwann außerhalb der Stadt finden wir wieder einen kleinen Hinweis für den richtigen Weg.

Wir hatten schon befürchtet, dass wir eine Schnellstraße mit hohen Leitplanken überqueren müssten. Aber es gibt doch noch eine schmale Brücke, die uns von der Straße auf die Feldwege führt. Heute geht es wieder durch Maisfelder, die Tomatenfelder – niedrige Büsche mit Flaschentomaten – werden langsam durch abgeerntete Getreidefelder abgelöst.

Wir gehen über Feldwege und Seitenstraßen und kommen durch das Dörfchen Castelnuovo Fogliani.

Später, in Fidenza, machen wir eine Pause auf einer Bank, die im Zentrum an der Straße steht. Auf unserem weiteren Weg weist uns ein aufmerksamer Mann darauf hin, dass wir uns in der Touristeninformation einen Stempel abholen könnten. Anschließend besuchen wir den Dom. Der Heilige des Doms ist San Donnino; in der Krypta gibt es mehrere Statuen, bei denen er seinen Kopf in der linken Hand hält. Auch das alte Rathaus und die Häuser im Zentrum sind sehenswert.

Das Gelände wird wellig und bekommt die Anmutung von Toskana. Dazwischen liegen aber noch viele Kilometer und vor allen Dingen der Cisa-Pass. Der Weg ist nur noch mit Pfeilen aus längst vergangenen Zeiten ausgeschildert. Die neue Route ist nicht in unserer Karte verzeichnet, aber mit Hilfe der Karte und der Suche nach den Zeichen kommen wir gut voran.

Der weitere Weg außerhalb der Stadt führt uns wieder durch die Felder, hügelauf, hügelab. Zum Schluss geht es nochmal steil hinunter in das Tal und wieder hinauf nach Costamezzana.

Hilfreiche Mitmenschen zeigen uns den Weg zum Schlüssel für die Ostello. Da die Frau, die die Herberge verwaltet, nur italienisch spricht, ruft sie ihren Enkel, und so können wir uns in englischer Sprache unterhalten.

Nach dem Bezahlen und dem Erledigen der Formalitäten bekommen wir einen Stempel und den Schlüssel zur Herberge. Diesen sollen wir morgen beim Verlassen des Hauses einfach auf dem Tisch liegen lassen.

Nach Duschen, Wäsche waschen und Bett beziehen gehen wir erst einmal auf einen Kaffee in die naheliegende Trattoria. Bei einem Rundgang durch das kleine Dorf können wir keinen Bäcker finden. Deshalb fragen wir einen Mann, der gegenüber der Ostello im Vorgarten eines Hauses arbeitet. Er macht uns aber klar, dass es nur im Nachbarort eine Bäckerei gäbe und die jetzt schon geschlossen hat. Wir bedanken uns für die Auskunft und gehen in die Ostello, um etwas zu ruhen.

Eine halbe Stunde später läutet es an der Haustüre, davor steht der Mann von gegenüber, er bringt uns in einer Pappschale, mit Servietten ausgelegt, ein halbes Brot, das er aus der Gefriertruhe genommen und aufgebacken hat. Wir sind sprachlos über so viel Hilfsbereitschaft.

Am Abend gehen wir in die Trattoria zum Essen. Ein junger Italiener, den ich inzwischen in der Ostello kennen gelernt hatte, ist auch schon da. Wir unterhalten uns, wer woher und wohin – er von San Bernardino nach Rom – und über das Wetter. Im Fernseher sahen wir vorher, dass es in der Toskana einen Wirbelsturm gegeben hatte. Eine Bar oder eine Trattoria ohne Fernseher gibt es in Italien wahrscheinlich nicht.

Ich bitte den jungen Mann, in Sivizzano anzurufen, weil es dort nur eine Herberge gibt, und auf unser Glück wollten wir uns nicht verlassen. Der nächste Ort ist erst zwölf Kilometer weiter, und das wären dann fast 40 Kilometer an einem Tag. Aber die Telefonnummer in unserem Buch stimmt nicht mehr. Der Wirt hat zum Glück die richtige Nummer. So kann der junge Italiener uns doch noch anmelden. Dazu muss er aber nach draußen mitten auf die Straße, weil er sonst keinen Empfang hat mit dem Mobiltelefon.

Es gibt übrigens ein üppiges 3-Gänge-Pilgermenü in einem extra Pilgerzimmer und noch einen Stempel.

Fidenza

Dienstag, 27. August　　　　　　　　3. Tag
Costamezzana – Sivizzano

Wir brechen wieder um sechs Uhr auf, füllen unsere Wasserflaschen am Brunnen und ziehen ohne Kaffee los, die Trattoria hat noch geschlossen und sonst gibt es nichts. Leider übersehen wir schon ziemlich bald in der Dämmerung einen Wegweiser. Aber wir sind guter Hoffnung, dass wir den Weg wieder finden. Die Straße, auf der wir gehen, liegt außerhalb unseres Plans. An einer Straßengabelung wissen wir deshalb nicht, ob wir rechts oder links gehen sollen. Eine Frau, die gerade die Fensterläden öffnet, weist uns den Weg nach Medesano. Es geht erst mal in Serpentinen bergauf und dann noch einige Kilometer auf dem Bergkamm weiter.

Bei einer Pause, die wir am Rand eines Feldweges sitzend einlegen, verzehren wir das Brot, das wir gestern geschenkt bekamen. Bis jetzt waren wir noch an keinem Bäcker oder Lebensmittelgeschäft vorbei gekommen. Eigentlich wollten wir schon ein paar hundert Meter vorher pausieren, aber da streunte ein großer Schäferhund über die Wiese, und von dem wollten wir uns nicht die Wurst wegschnappen lassen.

Wir treffen wieder auf die Via Francigena, aber es waren sieben Kilometer Umweg. Das macht aber nichts, als wir nach 16 Kilometern in Medesano sind, haben wir schon fast die halbe Tagesetappe geschafft. Wären wir den richtigen Weg gegangen, hätten wir erst ein Drittel der Etappe hinter uns (etwa neun Kilometer). Wir müssen uns das nur schön rechnen.

Wir gehen in die Kirche und trinken danach einen Kaffee, den ersten an diesem Tag (nach 16 Kilometern!). Hinter Medesano lachen uns viele reife Feigen an, die an einem großen Baum über den Zaun hängen. Zwei Stück sollten doch wohl für einen Pilger übrig sein, ansonsten wären sie doch überreif herunter gefallen und verloren gewesen!

Ab Felgara gehen wir am Fluss Taro entlang, wie es unser Plan vorsieht. Kurz vor Fornovo di Taro, aber auch schon entlang des Flusses, ist es schwierig, den richtigen Weg zu finden; die Kennzeichnung ist recht sparsam und leicht zu übersehen. Vor der Brücke über den Taro legen wir an einer Bar eine Pause ein.

Dass die Wegweiser zwischen Medesano und Sivizzano so sparsam angebracht und recht alt sind, liegt wohl daran, dass es noch eine grüne – wahrscheinlich neuere – Route gibt, die aber manchmal außerhalb unserer Karte liegt, eventuell schöner, aber auch länger ist.

Am Nachmittag bewölkt es sich, die letzte halbe Stunde vor dem Ziel ist ein entferntes Gewitter zu hören. Wir bekommen auch ein paar Regentropfen ab. Nachdem wir vor Raspiccio von der Straße auf einen Feldweg und später in das Gelände abgebogen sind, müssen wir ein trockenes Flussbett kreuzen (etwa 30 bis 40 Meter breit, ein Seitenarm des Taro), ein paar Mal auch eine Furt durch einen Bach nutzen, aber das geht alles ohne nasse Füße.

Viele Felder sind schon gepflügt, wir sehen keinen Mais mehr, aber immer mehr Weinanbau auf kleinen Feldern. Das Gelände wird bergig.

Sivizzano ist ein Straßendorf, wir denken, dass wir schon durch sind, dann sehen wir erst die Kirche. Es kommt uns aber nur so lang vor, weil es die letzten Meter vor dem Ziel sind und wir schon viele Kilometer hinter uns haben.

Hinter der Kirche hören wir Stimmen, wir werden von zwei Männern und Signora Enrica erwartet. Große Begrüßung, wir bekommen Unterkunft, Toilette und Dusche gezeigt. Bei der Frage nach dem Abendessen zeigen sie uns das Pilgerbuch, dort sind Warnungen vor der Osteria in fünf Sprachen verzeichnet. Auf Nachfragen wird uns erklärt, da wäre ein neuer Besitzer drin, die Preise für das Essen übertrieben hoch, aber die Getränkepreise wären in Ordnung.

700 Meter auf der Straße zurück ist ein kleiner Lebensmittelladen, da können wir alles bekommen und der Aufpreis für die Küchennutzung beträgt drei Euro. Also machen wir uns nach dem Duschen und dem Wäsche waschen auf den Weg, um einzukaufen. So haben der Lebensmittelhändler etwas davon und wir auch.

Hanni kocht, ich schreibe Tagebuch und trinke Rotwein dazu, zusammen in der großen Küche. Die muss für elf Leute reichen, denn es stehen elf Betten im Schlafraum. Aber wir sind allein. Das Schöne an der Küche ist, dass wir uns morgen vor dem Marsch auf den Berg einen Kaffee machen können.

Am Abend sitzen wir im Innenhof unter den Arkaden, trinken Rotwein, beschriften Bilder auf dem Fotoapparat und pflegen Hannis Füße. Als Signora Enrica in die Kirche geht um noch einige Kleinigkeiten zu erledigen, nehmen wir die Gelegenheit wahr und gehen mit. Sie lässt uns auch die Zeit, einige Minuten drinnen zu verweilen.

Mittwoch, 28. August   4. Tag
Sivizzano – Berceto

Da der Akku meines Handys leer ist (ich hatte am Abend vergessen, nachzusehen), wache ich erst kurz vor sechs Uhr auf. Wir trinken einen Espresso, essen eine Kleinigkeit und brechen gegen sieben Uhr auf. Signora Enrica hatte uns Regen prophezeit, aber es scheint schön zu werden. Regen können wir auf den zu erwartenden Wegen auch nicht gebrauchen. Es geht auf der wenig befahrenen Straße immer nur bergauf.

    Nach sieben Kilometern sind wir schon 500 Meter höher gekommen. Inzwischen scheint die Sonne, Rehe und Rebhühner sind zu sehen, Haushühner und Hofhunde natürlich auch. Irgendwann ist die Straße zu Ende (hinter Terenzo), und es geht noch steiler auf einem Geröllweg bergauf. Fast durchgehend bis Cassio bleibt es so, bergauf, bergab, nur selten gibt es schöne Waldwege. Manchmal ist der Weg so zugewachsen, dass Hanni meint, hier müsste mal einer mit der Machete durchgehen. Auf dem Jakobsweg würde das nicht passieren, da wäre schon alles niedergetrampelt. Das Gelände ist zum Teil so steinig und steil, dass es nichts wird mit fünf bis sechs Kilometern pro Stunde; wir sind froh, wenn wir einen oder höchstens zwei Kilometer in der Stunde schaffen.

    An einem steilen Geröllstück bergab rutscht Hanni aus und stürzt. Aber zum Glück passiert ihr nichts Ernsthaftes und sie kann weiter gehen.

    Hinter Cassio gehen wir wieder auf der Straße, dieses Stück finden wir heute erholsam. Doch bald geht es wieder durch unwegsames Gelände, es ist nur die grüne Route ausgeschildert, und da werden sämtliche Hindernisse der Gegend gezeigt. Selbst über Weidezäune müssen wir mehrfach klettern, und das nach über zwanzig Kilometern und etwa 2500 Höhenmetern. Auch auf den Monte Marino müssen wir steigen, 989 Meter hoch.

    Gegen 15:30 Uhr kommen wir in Berceto an, heute sehr geschlaucht nach dieser strapaziösen Etappe, besonders Hanni. Ich bin ihr sehr dankbar, dass sie mich noch vor der Abreise zum Kauf von Wanderstöcken genötigt hat, ich hätte mir heute sehr schwer getan. Vom Gebrauch der

Stöcke habe ich allerdings Schmerzen im Schulter- und Nackenbereich, das bin ich nicht gewohnt.

Am Dom von Berceto frage ich in einer Bar am Tresen einen Mann nach der von mir ausgesuchten Herberge. Er sagt mir, ich solle einen Moment warten, und nachdem er seinen Kaffee ausgetrunken hat, führt er uns um einige Ecken zur Ostello der Pfarrei. Wir bekommen unsere Unterkunft gezeigt und Hanni legt sich erst mal zur Ruhe.

Am Abend gehen wir durch das Städtchen. Zuerst besuchen wir den Dom. Er ist sehr einfach gehalten und besitzt fast keine Fenster. Deshalb ist es sehr dunkel, zu den Gottesdiensten dienen einfache Baustrahler oben an der Decke als Lichtquelle.

In einer versteckten Pizzeria gibt es gute Pizzen, zwei andere Lokalitäten bieten erst später Abendessen an.

Als wir zu Bett gehen, fängt ein Pilger nebenan in der Küche an zu brutzeln. Wir waren schon vorgewarnt, aber trotz geschlossener Türe stinkt es entsetzlich. Bevor wir schlafen gehen, schreiben wir noch eine SMS an S. H. (gestern konnten wir nicht, da gab es kein Netz), um Eberhard eine gute Genesung zu wünschen.

Donnerstag, 29. August   **5. Tag**

Berceto – Pontremoli

Um sechs Uhr kommen wir los, aber Hanni hat starke Schmerzen am linken Fuß, obwohl sie in der Nacht nochmal ihre Blasen behandelte. Wir gehen zu einer Bar, um zu frühstücken und fragen nach einem Bus nach Pontremoli, weil Hanni sich die Etappe wegen ihrer Schmerzen nicht zutraut. Aber es gibt keinen Bus über den Cisa-Pass, sie müsste erst mit dem Bus nach Ghiare und dann mit dem Zug nach Pontremoli fahren. Da wir aber keine andere Karte dabei haben, lassen wir diesen Gedanken fallen.

Dann fragen wir nach, wo man auf der Via Francigena aus dem Städtchen kommt. Es gibt verschiedene Auskünfte, aber irgendwo außerhalb der Stadt kommen die Wege wohl wieder zusammen.

Hanni hat inzwischen Sandalen an, und ein Mann meint, dass man damit den Weg nicht gehen könne. Wir gehen aber erst mal los, auf der Straße kann Hanni gehen. Aber außerhalb des Ortes geht es gleich auf einem schlechten Weg steil bergauf. Es hilft nichts, der linke kleine Zeh muss neu verarztet werden. Eine neue Blase hat sich gebildet, der Zeh hat die doppelte Größe angenommen. Hanni sticht hinein, die Flüssigkeit spritzt über zehn Zentimeter hoch, ein Faden wir durchgezogen, Pflaster drauf, Socken und Wanderschuhe an und los geht's. Hanni springt fast wieder wie ein junges Reh. Oder so ähnlich.

Die Wege sind wieder sehr anspruchsvoll, aber nicht mehr ganz so schlimm wie gestern. Es ist herrliches Wetter, die Sicht ist toll, die Sonne scheint. Meist gehen wir im Wald. Wir sehen Silberdisteln, bunte Blumen und viele Schmetterlinge. Einmal bellen uns freilaufende Hunde an und beschnüffeln uns auch. Auf dem Wege liegen viele Pferdeäpfel, gelegentlich hören wir eine Kuhglocke.

Als wir in einen Hohlweg einbiegen wollen, sieht Hanni mehrere Pferde auf der Höhe galoppieren. Wir warten ab, ob sie durch den Hohlweg kommen. Da sie sich aber nicht zeigen, gehen wir vorsichtig im Hohlweg bergauf. Einen anderen Weg gibt es nicht.

Plötzlich, nach dem Hohlweg, stehen wir mehreren Pferden gegenüber, eines mit einer Kuh-, in diesem Fall einer Pferdeglocke. Sie beäugen uns mit großen Pferdeaugen, und wir gehen langsam daran vorbei. Der Weg ist nicht der beschriebene auf unserer Karte, sondern der „blaue Weg".

Dadurch kommen wir auch auf den Monte Valoria mit 1229 Metern Höhe. Dann müssen wir auch wieder mehrfach über die Umzäunungen der Pferdekoppeln klettern. Die Pferdekoppeln sind hier, so scheint es, so groß wie im wilden Westen, nur gebirgiger.

Gegen zehn Uhr kommen wir zum Passo della Cisa hinunter, 1041 Meter hoch. Hier geht es zu wie auf dem Pottmarkt in Paderborn, Essbuden, Keramikstände, Kleidung und alles, was der Mensch nicht braucht. Viele Menschen und, was auffällt, viele Polizisten.

Wir haben Hunger und so bestellen wir, was hier das Nationalgericht zu sein scheint, Pizzen haben wir schon genug gegessen. Eine etwa fünf Zentimeter dicke und über einen halben Meter lange Wurst wird gebraten, der Länge nach aufgeschnitten, platt gedrückt und weiter gebraten. Dann wird sie in etwa fünfzehn Zentimeter lange Stücke geschnitten, die kommen dann in angewärmte Brötchenhälften, dazu kommen noch, je nach Wunsch, gebratene Zwiebeln und/oder Paprika und Senf, Ketchup oder Mayonnaise.

Nachdem wir unseren Hunger gestillt haben, gehen wir zur Kirche. Dort ist gerade Gottesdienst für Wallfahrer, die die Statue einer Gottesmutter mit großen Stangen hierher geschleppt haben. Es ist das Fest „Unserer Lieben Frau von der Wache".

Die Kirche ist voll, außen stehen auch noch viele Gläubige und lauschen am Lautsprecher.

Wir gehen weiter durch das „Tor der Via Francigena zur Toskana", das sich neben der Kirche befindet, diesmal auf der „grünen Route", auf der es auch wieder viel bergauf und bergab geht. Dabei ersteigen wir auch den Monte Cucchero, 1000 Meter hoch. Als wir in Groppoli sind, beschließen wir während einer Kaffeepause, auf der Straße weiter zu gehen, denn von dem vielen auf und ab haben wir jetzt genug. Außerdem ist es nicht sehr heiß und die grüne Route hätte wieder viele (hundert?) Meter hinauf und hinunter geführt.

Beim Abstieg vom Cisa-Pass kehren wir in die erste Bar ein, an der wir vorbei kommen, es ist an der Abzweigung zur Mühle. Der Wirt, etwa Ende dreißig, ist recht muffelig. Er fragt mich zweimal, ob wir unseren Cappuccino draußen trinken wollten. Es war ihm wohl zu viel Arbeit, die Cappucini so weit zu tragen. Dafür waren es auch die teuersten, die wir bis jetzt tranken. Ein paar hundert Meter weiter kommen wir an einer Bar vorbei, da wären wir bestimmt freundlicher empfangen worden.

Bald bewölkt sich der Himmel, später kommt heftiges Gewittergrollen aus der Ferne. Dort ist auch schon Regen zu sehen, und auch bei uns fängt es an, leicht zu regnen. Hanni hat jetzt Sandalen an und schreitet kräftig voran.

In den kleinen Gebirgsdörfern, durch die wir kommen, gibt es überall alte Backöfen für Brot und Kuchen, die noch in Betrieb sind, manchmal auch neue aus Metall und mit modernen Anzeige-Instrumenten.

Nachdem wir uns in der Touristen-Information von Pontremoli die Lage von zwei Ostelli zeigen ließen, fängt es richtig an zu regnen. Wir ziehen unsere Kraxenponchos über und gehen zur nächstliegenden Herberge. Nach einigem Fragen von mehr oder weniger freundlichen Menschen erfahren wir, dass das Seminar des Klosters Ferien hat und somit in dieser Zeit auch keine Pilger beherbergt. Also ziehen wir weiter zur nächsten Herberge.

Ein älterer, freundlicher Herr öffnet uns die Klosterpforte des Convento Frati Cappuccini, gibt uns einen Stempel, wir müssen einen Meldeschein ausfüllen, und dann sucht er ein Zimmer für uns. Dabei verläuft er sich ein paar Mal in dem großen Kloster, viele Zimmer sind verschlossen, aber schließlich findet er noch ein Fünf-Bett-Zimmer für uns. Es sind noch mindestens sechs andere Pilger hier in verschiedenen Zimmern untergebracht, darunter die beiden Dresdener Frauen Elvira und Karina.

Sie sind auf der Straße gelaufen, da eine der beiden Schmerzen am Bein hat. Wäsche kann man sehr gut hier waschen, aber es gibt kaum Möglichkeiten zum Trocknen. Nach dem Empfang einer Spende lässt uns der Herr alleine.

Am Abend essen wir noch etwas im Städtchen, es regnet nicht mehr, aber es ist sehr frisch (17 °C). Der Dom hat übrigens auch keine Fenster, er ist so dunkel, dass wir kaum den Ausgang finden.

Da wir letzte Nacht eine SMS bekamen, dass Eberhard die Operation gut überstanden hat und keine Therapie mehr braucht, gingen wir heute für El.

Freitag, 30. August   **6. Tag**

Pontremoli – Aulla

Um ein Frühstück zu bekommen, müssen wir über die Brücke in das Zentrum von Pontremoli gehen. Nach Blicken in verschiedene Gassen werden wir an der Piazza San Francesco fündig (wo wir gestern keine Herberge fanden).

Es wird schon langsam hell, als wir den Weg Richtung Aulla auf der Staatsstraße 62 einschlagen. Auf dieser Straße sind wir in den letzten Tagen schon öfter einige Kilometer gegangen. Doch bevor die Sonne richtig über die Berge kommt, wird es neblig. Ich muss wieder mein reflektierendes Band umlegen, damit uns die Autofahrer rechtzeitig sehen.

Nach einiger Zeit lichtet sich der Nebel, es wird ein herrlicher Tag. Wir biegen von der Staatsstraße ab, kommen in das Dorf Filattiera und werden von den Wegweisern auf einen steilen Weg nach oben geführt. Dort soll eine schöne große Kirche sein.

Wir finden aber nur einen kleinen Bau, ein schmuckloses Viereck, ein paar Bänke längs der Außenwände, vorne ein einfacher Tisch mit Decke, dahinter ein Stuhl. Das ist alles, kein Bild, keine Kerze, nichts. Das kann die Kirche nicht sein. Wir gehen hinaus, ein Stück zurück, sehen einen Kirchturm und fragen. Ja, das ist die Kirche, sie ist aber geschlossen und dient jetzt als Wohnhaus, soviel verstehen wir aus den Erklärungen eines Nachbarn.

Enttäuscht gehen wir weiter, den Berg hinunter und müssen bald auch wieder einen Berg hinauf. Es ist jetzt tolles Wetter, die Morgensonne scheint durch die nassen Bäume. Wir kommen in einen subtropischen Regenwald, es ist nur viel kühler. Der Weg ist etwas matschig, wir müssen aufpassen, dass wir nicht ausrutschen. Dann sehen wir auch deutliche frische Spuren von Wildschweinen (Fußspuren und Erdbewegungen). Aber zum Glück begegnen wir keinen dieser Tiere.

Gegen elf Uhr setzen wir uns auf ein paar große Steine, mit denen ein Bachlauf eingefasst ist, um zu essen. Es dauert nicht lange, da werden wir von drei Hunden beobachtet, die in etwa zwanzig Meter Entfernung herumlaufen. Einer kommt langsam näher, die anderen verschwinden wieder.

Anscheinend hat er Hunger, denn als wir aufbrechen, sucht er unseren Rastplatz nach Resten ab.

Um die Mittagszeit kommen wir nach Filetto bei Villafranca in Lunigiana und beschließen, auf der Route für Fahrradfahrer weiter zu gehen.

Dabei gehen wir auf einer wenig befahrenen Seitenstraße durch den Wald und müssen keine Berge besteigen, um Kirchen zu sehen, die geschlossen sind. Einen Berg müssen wir aber doch noch besteigen und kommen dabei in das Dörfchen Lusuolo. Bevor wir in Aulla eintreffen, überqueren wir den Fluss Magra und kommen durch den Ort Terrarossa.

Gegen 16 Uhr gelangen wir zu unserer ausgewählten Herberge „Chiesa di San Caprasia".

Es war noch ein langer, zäher Weg durch Aulla, der uns schwerfiel, da wir nicht wussten, wie weit es noch ist. Jeder, den wir fragten, sagte: „Noch einen Kilometer." Aber es lohnte sich, die Ostello, die uns die Italiener in Teil 1 unseres Weges empfohlen hatten, ist sehr schön. Wunderbare Duschen und Toiletten, ein Zimmer mit zwei Etagenbetten (es gibt noch eines mit vier Etagenbetten und einen Raum mit fünfzehn Betten) und eine kleine Einbauküche. Das Beste: Wir sitzen auf einer Dachterrasse, trinken Kaffee, schreiben Tagebuch und genießen den Ausblick.

Unterwegs sahen wir hin und wieder eine totgefahrene Schlange, selbst in einem Dorf sahen wir eine.

Am Nachmittag gehen wir dann zum Einkaufen.

Wir brauchen noch Brot für morgen und Wasser müssen wir auch kaufen, denn am nahe gelegenen Brunnen steht: „acqua non potabile" – kein Trinkwasser.

Es ist wichtig, dass man immer genug Wasser dabei hat, an jedem Brunnen muss man auffüllen. Besser, man bringt eine volle Flasche mit ins Ziel, als dass man unterwegs dürsten muss. Auf manchen Etappen gibt es lange kein Trinkwasser.

Anschließend sitzen wir wieder auf der Dachterrasse und verzehren unsere Focaccia, die wir nebenan kauften.

Kurz vor zwanzig Uhr kommen noch zwei Italienerinnen an, die wir vorgestern schon in Berceto gesehen hatten.

Samstag, 31. August — 7. Tag
Aulla – Sarzana

Auf unserer Karte ist nicht ersichtlich, ob eine Straße direkt nach Sarzana führt. Aber als wir den Fluss überqueren – Kaffee konnten wir schon in der Ostello trinken, Brioches hatten wir schon gestern gekauft, die waren aber bei weitem nicht so gut wie die frischen – stellen wir an Hand der Straßenschilder fest, dass es eine direkte Verbindung geben muss. Eine Bushaltestelle ist auch gleich gefunden, und so fährt Hanni heute mit dem Bus. Es dauert eine Weile, bis wir den Busfahrer verstehen, was die Fahrt kostet. Da Hanni keine Fahrkarte hat, möchte der Busfahrer Kleingeld. Er hat vermutlich keine Kasse, um auf Hannis 20 Euro-Schein herausgeben zu können. Für den geforderten Peis kommt man bei uns nicht mal bis in die Stadt, aber die Busfahrt ist nur für den Notfall gedacht.

Ich mache mich auf den Weg und es geht gleich steil bergauf. Nach kurzer Zeit macht sich mein linkes Knie schmerzhaft bemerkbar. Als ich zwischen ein paar Häusern hindurch komme, finde ich kein Zeichen mehr. Ich gehe hin und her und schließlich finde ich vor dem ersten Haus neben einer Mauer einen schmalen Durchgang durch das Gebüsch. Auf einem engen Waldweg geht es wieder bergauf. Der Pfad ist frisch von Wildschweinen aufgewühlt. Mir ist mulmig zu Mute.

Nach einem besonders steilen Stück über eine nasse Wiese genieße ich den Ausblick: Täler in Nebelschwaden.

Beim Weitergehen bellt mich ein Hund aus einem Zwinger an. Aber das ist nur der Wecker für den zweiten, der bellend um die Ecke gesprungen kommt. Als der sich auf den schmalen Weg stellt, in den ich einbiegen muss, versuche ich es wie der Heilige Franziskus: Ich rede mit dem Tier und so kommen wir friedlich aneinander vorbei. Es ist wieder ein schöner Morgen, ich kann die Natur bewundern und muss dabei aufpassen, dass ich die Wegzeichen nicht übersehe. Zu zweit sieht man doch mehr als alleine, aber mit der Zeit gewöhne ich mich daran, auf die Zeichen zu achten. Hanni ist da meist etwas aufmerksamer als ich. Wenn ich eine Weile kein Zeichen mehr gesehen habe, freue ich mich immer wieder, wenn eines auftaucht.

Der Weg ist auch heute wieder sehr schwierig, es liegen viele Steine auf dem Weg, manchmal geht es durch ein ausgetrocknetes Bachbett bergauf oder bergab. Ich bin froh, dass es nicht regnet. Es sind fast wieder zweitausend Höhenmeter (laut Plan) zu bewältigen.

Stimmungsbild: Im feuchten Wald, der von der Sonne beschienen wird, ist es voll von schwirrendem Getier, noch schlimmer als gestern. Bremsen und andere Blutsauger lauern auf Beute und werden immer lästiger. Im Laub raschelt es. Eine Eidechse. Im Baum hinter mir raschelt es. Ich drehe mich um. Mein Rucksack streift die Zweige. Ein Eichelhäher ruft. Heidekraut und Farne am Wegesrand. In der Ferne bellen Hunde. Natur pur.

Ich wandere durch die Dörfer Bibola, Vecchietto und Ponzana Superiore. Bald komme ich an Olivenbäumen vorbei und als ich durch einen Pinienwald gehe, spüre ich einen Duft von Toskana. In der Ferne ist das Meer zu sehen.

Das letzte Stück des Weges vor und in Sarzana ist flach und führt an der Straße entlang. Ich finde die Ostello San Francesco, Hanni ist schon da. Den Nachmittag verbringen wir mit dem Suchen von Bus- und Bahnverbindungen nach Pietrasanta und jetzt sitzen wir im Krankenhaus (16 Uhr).

Doch vorher müssen wir erst einmal einen Notarzt aufsuchen, um Hannis Blasen an den Füßen behandeln zu lassen. An einer Station mit Rettungswagen fragen wir nach einem Arzt. Wir werden in die 1. Etage hochgeschickt und von einer Ärztin erwartet. Da ihr das Ausmaß der Blasen für eine Notbehandlung zu groß erscheint, zieht sie eine weitere Ärztin zu Rate und beide entschließen sich dazu, für Hanni eine Überweisung in das Krankenhaus auszustellen.

Bevor wir das Krankenhaus aufsuchen, wollen wir eine Busverbindung finden, damit Hanni morgen nicht bis nach Pietrasanta laufen muss. Beim Suchen ist uns eine Frau behilflich, die fast eine halbe Stunde mit uns von einer Bushaltestelle zu einer Bekannten in einer Bar (die Fahrkarten verkauft und einen Fahrplan hat), dann zum Busbahnhof und schließlich zum Bahnhof geht.

Am Bahnhof kaufen wir gleich eine Fahrkarte für den Zug und fragen anschließend vor dem Bahnhofsgebäude ein junges Paar nach dem Weg zum Krankenhaus. Sie sagen uns, dass es sehr weit ist und man unmöglich dahin zu Fuß gehen könnte. Wir sollten doch mit dem Bus fahren. Wir lassen uns überreden und kaufen die Fahrkarten für Hin- und Rückfahrt. Unterwegs mit dem Bus stellen wir fest, dass es wirklich drei bis vier Kilometer sind.

Im Krankenhaus wird Hanni erst einmal von einer Eingangsärztin untersucht und nach einiger Zeit auch von einem anderen Arzt an den Füßen behandelt. Wir bekommen ein Rezept und können nach etwa drei Stunden das Krankenhaus wieder verlassen. Da es schon nach 19 Uhr ist, fährt heute am Samstagabend kein Bus mehr, und so müssen wir zu Fuß in die Stadt zurückgehen; Taxen sind weit und breit nicht zu sehen. Die Apotheke hat zum Glück noch geöffnet, da können wir die Medizin und das Verbandsmaterial noch kaufen und gleich anwenden.

Sarzana ist eine schöne Kleinstadt, hat eine wundervolle Altstadt mit vielen kleinen Gässchen. Wir haben leider keine Zeit, uns etwas anzuschauen. Heute ist ein großes Kulturfestival, die Stadt ist voller elegant gekleideter Menschen. Da hätten wir mit unserer Pilgergarderobe sowieso nicht dazwischen gepasst. Nach dem Abendessen begeben wir uns zur Ruhe.

Die Herberge befindet sich im Kloster Convento San Francesco. Es ist ein Raum, in dem sich fünf Matratzen (sie wurden von der Frau, die die Herberge verwaltet, angeschleppt), Schränke, Tische und Gegenstände befinden, die wahrscheinlich aus einer Sammlung für die Caritas stammen. Der hohe Raum hat nur ganz oben ein paar Fenster, die wir nicht öffnen können. Das hat zumindest den Vorteil, dass wir den Straßenlärm und die Geräusche von den vielen Menschen, die das Kulturfestival besuchen, nur gedämpft mitbekommen und so besser schlafen können. Das ist ohne Kopfkissen schon schwierig genug.

Die Rucksäcke von drei anderen Pilgern, die in Hannis Abwesenheit heute Vormittag deponiert wurden, sind am Abend wieder verschwunden. Wahrscheinlich suchten und fanden die Pilger etwas Besseres.

Im Raum nebenan, der auch nicht besser aussieht als unserer, nächtigt noch ein Pilger, den wir aber nicht zu Gesicht bekommen. Vor dem Schlafengehen macht die Frau noch einen Stubendurchgang und zählt ihre Schäfchen.

Sonntag, 1. September 8. Tag
Sarzana – Pietrasanta

Wir sitzen jetzt auf einer Wiese unter einer Palme im Garten der Casa Diocesana La Rocca und blicken hinunter auf die große Piazza vor dem Dom, nachdem wir von jungen Nonnen sehr freundlich empfangen wurden, Hanni heute Vormittag, ich am Nachmittag. Es ist jetzt 16:30 Uhr und sonniger, wolkenloser Himmel.

Aber der Tag fing nicht so schön an. Als ich in der Nacht erwachte, dachte ich an die 34 Kilometer, die vor mir lagen und die ich alleine gehen musste. Gestern wusste ich beim Losgehen am Morgen noch nicht, dass ich alleine gehe, aber wenn ich das vorher schon weiß, ist es nicht mehr so schön.

Doch als ich aufstehe, kommt der Mut zurück und der innere Schweinhund ist erledigt. Ich bin schon mit anderen Hunden fertig geworden.

Erst gehe ich an der Staatsstraße 1 entlang, da ist am Sonntagmorgen wenig Verkehr und Lastwagen fahren gar keine. Der Vorteil an der SS1 ist – die „grüne Route" meide ich heute, sie wäre noch weiter und schwerer gewesen, und ich wollte heute ein größeres Stück voran kommen, damit wir uns später zusammen mehr Zeit lassen können – dass ich an mehreren Bars vorbei komme. So kann ich mir eine mit Bäckerei aussuchen. Da gibt es besonders leckere Brioches.

Nach ein paar Kilometern kann ich abbiegen auf Nebenstraßen und Feldwege. Die Hunde haben auch Sonntag; mir scheint, sie bellen nur, um ihre Pflicht zu tun. Manche tun nicht mal das. Nun komme ich nach Carrara. Die Steinbrüche sehe ich aus der Ferne. „Omnes viae romam perducunt" – alle Wege führen nach Rom, so steht es auf unseren Rucksäcken. Aber der Weg muss nicht unbedingt über die Steinbrüche von Carrara führen.

In einer Kirche, an der die Glocken läuten, will ich einen Gottesdienst besuchen, aber es ist niemand da. Ich stecke eine Kerze an – hier sind die Kerzen elektrisch – spreche ein kurzes Gebet und gehe weiter.

Nachdem ich Massa hinter mir gelassen habe, mache ich an einem schattigen Rastplatz (mit Brunnen) in Prato Pause.

Der weitere Weg führt bergauf zu einem Kastell, das wie viele andere Sehenswürdigkeiten geschlossen ist. Die Kennzeichnung des Weges ist schlecht bis gar nicht vorhanden. So komme ich nach acht Kilometern bergauf und bergab (vorher war ich wegen Baustellen auch schon mindestens zwei Kilometer Umweg gegangen) und Erkundigungen nach dem Weg wieder an meinem Rastplatz an. Hier frage ich ein Ehepaar nach dem Weg nach Pietrasanta. Sie sagen mir, er führe hier hoch zum Kastell – das geschlossen ist – und dann immer bergauf und bergab. Während ich mich am Brunnen erfrische, beratschlagen beide und bieten mir dann an, mich bis Querceta mitzunehmen, weil es an der SS 1 sehr eng und verkehrsreich wäre. Von Querceta aus sind es dann noch etwa drei Kilometer. Ich fahre mit, aber nur, weil ich heute schon zehn Kilometer Umweg gegangen bin.

So komme ich kurz vor 16 Uhr nach 36 Kilometern in Pietrasanta an und werde freundlich empfangen, erst von der Nonne, dann von Hanni.

Gegen 17:30 Uhr gehen wir in den Dom. Es wird gerade eine Trauung gefeiert. Dabei wird kein einziges Lied gesungen. Der Pfarrer ist Alleinunterhalter und macht „Frontalunterricht". Nur beim Austeilen der Heiligen Kommunion und beim Unterschreiben der Eheleute und der Trauzeugen (die Trauung findet vor dem Segen statt) spielt die Orgel, ebenso beim Auszug – da hat der Pfarrer keinen Text. Wahrscheinlich sparen sie sich die Lieder, weil bei einer Trauung doch kaum einer die Lieder kennt – wie bei uns.

Hinterher gehen wir noch durch das Städtchen: heute ist überall Flohmarkt und Kunstausstellung. Kurz vor unserer Herberge schauen wir uns noch eine Ausstellung an, die in der Kirche des Klosters, in dem wir wohnen, untergebracht ist.

Montag, 2. September   9. Tag
Pietrasanta – Lucca

Gegen Viertel nach sechs Uhr verlasse ich das Kloster. Da ich am Anfang in der Dämmerung noch an der Staatsstraße entlang gehe, lege ich mir wieder die Reflexionsstreifen über. Es dauert nicht lange, da muss ich wieder klettern und mich durch das Gebüsch zwängen. Der Durchgang ist so eng und niedrig, da passt kaum ein Reh durch. Aber wo ein Reh durchkommt, da passt auch ein Hahn durch. Nur mit dem Rucksack wird es schwierig. Der enge Weg ist mit Dornen und Brennnesseln gesäumt. Aber es ist besser, als an der viel befahrenen Straße ohne Seitenstreifen entlang zu gehen. Das muss ich noch öfter heute, aber zum Glück immer nur kurze Strecken.

Ich merke immer deutlicher, dass ich in die Toskana komme. Gestern sah ich in Massa schon Orangen- und Limettenbäume. Jetzt komme ich durch Bambuswälder – die Stangen sind mehrere Zentimeter dick und sieben bis acht Meter hoch – und an Bananenstauden vorbei. Da diese wild wachsen, sind auch nur verkrüppelte Früchte daran.

Als ich an einer Reihe von Feigenbäumen stehe und mir ein paar reife Früchte aussuchen will, kommen drei Hunde bellend über die Wiese auf mich zu. Ich lasse die Feigen sausen und sehe zu, dass ich weiter komme. Überhaupt ist heute der Tag der Hunde. Bis Mittag habe ich es mit etwa zehn Hunden zu tun, die mir ans Leder wollen. Aber frei laufende Hunde tun meistens nichts und sind zufrieden, wenn sie mich vertrieben haben. Nur einer, der seinem Besitzer entwichen ist, scheint mir gefährlich. Ich bleibe stehen und warte, bis er wieder eingefangen ist, bis dahin ist mir etwas mulmig.

Zu Feigen komme ich heute noch, es sind noch einige Bäume am Wegesrand, an denen ich mich satt essen kann. Aber zwischendurch muss ich noch einige Berge auf Pfaden erklimmen, die bei Regen für Gebirgsbäche dienen. Als ich einmal den Blick vom Weg abwende, um nach einem Wegzeichen zu suchen, trete ich fast auf eine Schlange, die sich unter eine Baumwurzel verzieht. Ich warte nicht, bis sie sich umdreht, um sich fotografieren zu lassen, sondern gehe schnell weiter. Auch bei den Hunden, die mich anbellen, verzichte ich aufs Fotografieren. Aber im Großen und Ganzen ist es heute ein schöner Weg in der Toskana, die hier nicht so wellig wie auf den bekannten Bildern ist, sondern sehr bergig.

Heute lerne ich, dass zwei rote X übereinander bedeuten: hier geht es nicht weiter. Hätte ich das gestern gewusst, wäre mir viel Umweg erspart geblieben.

Auf dem Weg über den Pass Montemagno unterhalte ich mich mit einem Radrennfahrer – hier sehe ich viele, die den Pass zum Training nutzen – der mir erzählt, dass er gerne nach Santiago de Compostella fahren würde, er sich bis jetzt aber noch nicht dazu auffraffen konnte. So verstehe ich ihn jedenfalls. Ein anderer ruft mir zu: „Via francigena? Complimenti!"

Heute ging ich durch Camaiore, weiter durch die Dörfer Montemagno, Valpromaro, Piazzano – hier legte ich eine Pause zum Essen ein – Fornaci und San Marcario in Piano, bevor ich den Fluss Serchio überquerte und daran entlang marschierte. In San Marcario in Piano hatte ich meine Wasserflaschen noch einmal gefüllt, wer weiß, wie weit es noch bis zum heutigen Ziel ist.

Um 15 Uhr komme ich nach Lucca, wo ich mich zur Herberge durchfrage. In der Altstadt werde ich als seltsamer Mensch misstrauisch beäugt. Die Touristen kennen keine Pilger. Ich habe den Eindruck, dass nur deutsche Touristen da sind.

Bevor ich zur Herberge komme, stehe ich auf einem Platz vor der Kirche San Frediano. Das große Mosaik auf der Eingangsseite wird von der Sonne angestrahlt, so dass es stark leuchtet. Ich höre eine Frau neben mir zu ihrem Mann sagen: „Do vablitzt ma sich jo de Oochn!"

In der Herberge hat Hanni schon ein Zimmer für zwei Tage gebucht; die Herberge ist praktisch ein Hotel. In den Pilgerzimmern hätten wir getrennt schlafen müssen, es wäre nur unwesentlich preiswerter gewesen, denn Hanni hat für unser Zimmer einen guten Preis ausgehandelt. Es ist mit Frühstück; Abendessen können wir ebenfalls im Hotel bekommen. Es gibt unter anderem die für Lucca typische Bohnen-Linsen-Suppe. Die Herberge liegt in unmittelbarer Nähe zum Anfitheater.

In Lucca wollen wir einen freien Tag verbringen; da ich gestern und heute jeweils zwei vorgesehene Etappen gegangen bin, haben wir jetzt etwas Zeit.

Heute bin ich für uns gegangen; für Hanni, dass ihre Füße heilen, für mich, damit ich durchhalte, denn heute habe ich mir einen Wolf gelaufen. Da ist es gut, dass ich einen Tag Pause habe.

Dienstag, 3. September   **10. Tag**

Ruhetag in Lucca

Nach dem Frühstück gehen wir durch die Altstadt, es ist noch sehr ruhig, die Touristen kommen erst gegen Mittag. Wir besuchen San Michele, dann den Dom, schauen uns das Labyrinth am Haupteingang des Doms an und gehen in den Garten des Palazzo Pfanner.

Später kaufen wir ein Paar neue Wanderschuhe für Hanni und schicken die alten nach Hause zu Dominik. Wir bummeln durch die Stadt, in der viele Menschen mit dem Fahrrad unterwegs sind, auch in der Fußgängerzone. Das geht problemlos. Zwischendurch kaufen wir auch eine Fahrkarte für Hanni am Bahnhof, damit sie morgen nach Altopascio kommt. Da der Bahnhof außerhalb der Stadtmauer liegt, sind wir auch heute mindestens zehn Kilometer unterwegs, das ist für Hannis blasenübersäte Füße eine ganz schöne Strecke.

In einer Apotheke möchten wir Pflaster für die Füße kaufen. Um mich der Apothekerin verständlich zu machen, zeige ich ihr im Wörterbuch das italienische Wort für Pflaster. Sie schüttelt jedoch den Kopf und kann mit dem gezeigten Wort nichts anfangen. Nachdem ich die verschiedenen italienischen Ausdrücke für Pflaster durchgelesen habe, ist mir klar, dass ich ihr den Ausdruck für Straßenpflaster zeigte und deute nun auf medizinischen Begriff für Pflaster. Jetzt verläuft der Einkauf reibungslos.

Als wir beim Abendessen sitzen, sammeln sich draußen in den Bäumen große Schwärme von Staren zum Flug in den Süden. Auch in den letzten Tagen sah ich schon viele Schwalben, die sich auf Freileitungen sammelten.

Auf der Stadtmauer, einer breiten Straße für Fußgänger und Radfahrer, sind zu jeder Tageszeit die Jogger unterwegs.

Mittwoch, 4. September 11. Tag
Lucca – Ponte a Cappiano

Heute lassen wir uns Zeit mit dem Aufstehen, da es erst um 7:30 Uhr Frühstück gibt und ich nur fünfzehn Kilometer bis nach Altopascio gehen will. Vor dem Frühstück will ich noch schnell nebenan in die Kirche San Frediano gehen, weil ich es gestern verpasste. Aber sie ist noch geschlossen. Als ich nach dem Frühstück um Viertel vor Acht losgehe, ist sie offen und ich kann eine elektrische Kerze entzünden.

In Capannori komme ich wieder in eine Kirche. Alle Kirchen, die ich bzw. wir aufsuchen, kann ich nicht aufzählen oder fotografieren, aber diese ist erwähnenswert. Es ist eine alte Kirche in Kreuzform mit vielen Verzierungen, Bildern und farbigen Fenstern, auch recht dunkel. In einem Seitenraum ist jedoch eine modern gestaltete Kapelle eingerichtet, in dem vermutlich die Werktags- und weniger besuchten Gottesdienste gefeiert werden.

Bevor ich die Kirche aufsuche, setze ich mich auf eine Bank, um eine Kleinigkeit zu essen. Ein Mann, der auf den Bus wartet, setzt sich zu mir und fragt nach meinem Weg und aus welchem Land ich komme. Als ich Deutschland erwähne, kommt er sofort auf Adolf Hitler zu sprechen. Aber ich mache ihm klar, dass diese Zeit längst vorbei ist und Deutschland auch noch anderes zu bieten hat.

Hanni besuchte noch eine Messfeier in San Frediano, bevor sie mit dem Zug nach Altopascio fuhr. Dieser hatte eine Stunde Verspätung und es war nicht einfach, den richtigen Zug zu erwischen. In Altopascio erfuhr sie dann, dass es keine Pilgerbetten mehr für uns gäbe, nur noch Hotelzimmer für über sechzig Euro pro Zimmer. Die kommunalen Betten seien alle schon reserviert.

Nachdem ich angekommen bin, suche ich gleich die Herberge auf, in der wir uns treffen wollen. Ich treffe aber nur eine vierköpfige italienische Familie an. Als ich in einem der Zimmer ein Bett für mich aussuche, macht der ältere Herr mir klar, dass die Betten alle reserviert seien. Außerdem sagt er mir, dass in der Gemeindeverwaltung eine Frau auf ihren

Mann wartet. Er spricht recht gut deutsch, meint aber, dass sein niederländisch noch besser wäre.

Nun versuche ich, Hanni mit Hilfe des Handys zu finden. Das gelingt mir auch bald und wir entschließen uns jetzt, bis nach Ponte a Cappiano weiter zu gehen. Das sind nochmal 13 Kilometer. Die Mitarbeiter in der Biblioteca sind sehr hilfsbereit und reservieren uns zwei Plätze in der Herberge in Ponte a Cappiano.

Also machen wir eine Mittagspause, Hanni zieht ihre neuen Wanderschuhe an und los geht's. Ein Stück die Straße entlang und dann nach rechts ins Gelände. So zeigt es der Plan. Aber irgendwie führen uns die Wegweiser irgendwo hin, nur nicht nach Ponte a Cappiano. Wir haben den Eindruck, dass wir im Kreis gehen.

Schließlich halten wir eine Autofahrerin auf einer einsamen Landstraße an, die aber auch nicht weiß, wo Ponte a Cappiano liegt. Deshalb stoppt sie einen anderen Autofahrer, der uns dann die Richtung zeigen kann. Als wir wieder Zweifel haben und die Karte studieren, hält ein hilfsbereiter Müllfahrer an und weist uns die Richtung. Einige Tage später berichtet uns der Italiener, den ich vorher getroffen hatte, dass sie sich an dieser Stelle auch schwer getan hätten mit dem Finden des Weges.

Endlich kommen wir nach Galleno, wo wir schon vor einer Stunde sein wollten. Wir gehen weiter, da vor der einzigen Bar des Ortes ein stinkender Gülle-Lastwagen steht, und als der Wegweiser wieder in das Gelände zeigt, bleiben wir auf der Straße. Das ist hier auf der gewundenen und stark befahrenen Straße aber sehr gefährlich und wir müssen öfter wie die Hasen die Straßenseite wechseln, um den vorbeirasenden Sattelzügen aus dem Weg zu gehen.

Etwa vier Kilometer vor dem Ziel hat Hanni Schwierigkeiten mit dem Kreislauf (es sind inzwischen etwa 33 °C im Schatten, wir gehen aber meistens in der Sonne), und so legt sie sich auf die Rettungsdecke und legt die Füße hoch auf ein Gatter. Manche Autofahrer werfen fragende Blicke auf uns, ob sie helfen könnten, doch ich winke ab. Nach einiger Zeit können wir wieder weiter gehen und finden nach etwa 500 Metern eine Bar. Der Espresso und das frische Wasser tun gut und so erreichen wir kurz nach 17 Uhr unser Ziel: ein Sieben-Bett-Zimmer für uns alleine in einem Haus, das über einer Brücke errichtet worden ist.

Unterwegs winkt uns noch einmal der freundliche Autofahrer zu, der uns den Weg zeigte, als wir uns verlaufen hatten.

Im Haus übernachtet noch eine Frau mit drei Kindern; später kommt noch ein Mann hinzu. Dieses Haus bietet nicht nur Platz für Pellegrini, so steht es in einem Prospekt, sondern auch für soziale Härtefälle.

Am nächsten Morgen sehen wir eine Pellegrina das Haus verlassen, sie muss in einem weiteren Zimmer geschlafen haben.

Als wir Altopascio verlassen hatten, trafen wir an der Straße eine Gruppe von sechs italienischen Pilgern mit einer kleinen Fahne. Sie gingen immer wieder ein kleines Stück, zuerst von Assisi nach Siena, jetzt von Siena nach Lucca, später wollen sie von Lucca nach Genua und irgendwann mal nach Santiago de Compostella gehen.

Obwohl ich heute nur fünfzehn Kilometer gehen wollte, sind es wieder über dreißig Kilometer geworden. Aber wir haben auch schon die halbe Strecke von morgen geschafft.

Ponte a Cappiano

Donnerstag, 5. September   12. Tag
Ponte a Cappiano – San Miniato Basso

Heute Morgen haben wir Zeit, und so frühstücken wir erst nach halb acht Uhr in der Bar an der Brücke. Die Sonne scheint schon, als wir losgehen, und schon bald sind wir in Fucecchio. Dort nehmen wir die ausgeschilderte Route, da wir uns nicht beeilen müssen und deshalb die Hauptstraße meiden können.

Wir überqueren den Arno und bald treffen wir einen jungen farbigen Pellegrino aus Münster, der zwischen Bachelor- und Masterstudium von Nizza nach Rom geht. Heute will er noch bis Coiano gehen. In San Miniato Basso verabschieden wir uns von ihm, um unsere Unterkunft zu suchen. Auf dem Weg dorthin sehen wir ihn noch ein paar Mal.

Unsere Herberge „Misericordia" ist Notarztzentrum und Stützpunkt für Rettungsfahrzeuge, Jugendzentrum und Altentagesstätte in einem. Die sechs Betten für Pellegrini sind schon reserviert und so werden wir im Matratzenlager einquartiert. Dort liegen etwa zwanzig Matratzen auf dem Boden, ohne Kopfkissen. Hier treffen wir die junge Pellegrina, die wir heute Morgen schon sahen. Sie ist im Juni in London losgegangen und will am 23. September in Rom sein.

Als wir uns geduscht und eingerichtet haben, kommt die italienische Familie mit ihren zwei jugendlichen Enkeln, die ich gestern schon in der vollen Unterkunft in Altopascio gesprochen hatte. Bald erscheinen noch mehr Pellegrini, am Abend sind wir zu elft im Massenlager. Bisher waren wir immer alleine im Zimmer, das ist eine neue Erfahrung.

Wir müssen uns noch eine neue Übernachtungsmöglichkeit in Gambassi Terme reservieren lassen. Das erweist sich als sehr schwierig.

Erst probiere ich es an der Rezeption. Später bemüht sich der ältere Italiener, den wir seit gestern kennen. Dann hilft auch noch ein anderer italienischer Pellegrino, der nach uns angekommen ist. Nach vielen Telefonaten stellen alle fest, dass in Gambassi Terme so einfach kein preiswertes Bett zu bekommen ist. Schließlich kommen alle, die wir eingespannt haben, auf die Idee, dass in Coiano auf halbem Wege noch eine Übernachtungsmöglichkeit besteht. Die wird dann schließlich gebucht und wir sind erleichtert.

Zwischendurch fahren wir mit dem Bus hinauf nach San Miniato Alto (= oben, basso = unten) und schauen uns das schöne Dörfchen an.

Wenn wir nachts auf die Toilette wollen, sollen wir über die Terrasse nach unten in die Wohnung der anderen Pellegrini gehen. Aber es gibt im Haus noch andere Toiletten, die tagsüber von den Besuchern der Ärzte und jetzt nachts von uns genutzt werden.

Jetzt sind wir mitten in der Toskana: Pinien, Zypressen und Zikadengezirpe.

Schlafsaal in San Miniato Basso

Freitag, 6. September — 13. Tag
San Miniato Basso – Coiano

Um 5:30 Uhr klingelt mein Handy. Als ich kurz darauf aus dem Waschraum zurückkomme, ist der ganze Raum in Aufruhr: Das Licht brennt und alle sind am Packen und Anziehen. Zuerst macht sich die kleine Engländerin auf den Weg. Dann verschwindet die Vierergruppe der Italiener (zwei Männer und zwei Frauen) und anschließend gehen wir kurz vor halb sieben zur Bushaltestelle. Der Italiener mit den Enkeln sagte uns gestern, der Aufstieg nach San Miniato Alto sei sehr beschwerlich und sie würden auch mit dem Bus fahren. Deshalb verabschieden wir uns nur halbherzig von der Familie – er ist gerade nicht da – weil wir uns am Bus ja wieder sehen würden. Das war aber nicht der Fall.

In San Miniato Alto marschieren wir los. Die italienische Familie sehen wir heute nicht mehr. Bald überholen uns die drei Franzosen, die im unteren Zimmer geschlafen hatten. Sie haben einen Schritt drauf, als wollten sie einen Rekord aufstellen. Und dann holen wir die vier Italiener ein, die bei uns im Zimmer schliefen. Sie sind alle durchtrainiert – so erzählen sie uns – und gehen hier nur von Lucca bis Siena.

Das ist überhaupt ein Problem hier in der Toskana: Viele Italiener gehen für ein paar Tage durch die Toskana, besorgen sich dafür einen Pilgerpass und nehmen dabei den richtigen Pellegrini die preiswerten Schlafplätze weg. Die meisten sind gar keine Pellegrini. Aber auch mit diesen trainierten Sportlern halten wir locker mit.

In Coiano trennen sich unsere Wege und wir verabschieden uns von ihnen. Kurz nach zehn Uhr erreichen wir unser heutiges Ziel, ein Ferienhaus. Nachdem wir geduscht sind, fährt uns die Mutter des Besitzers mit ihrem Auto zwei Ortschaften weiter zum Einkaufen, weil sich kein Lokal in dem kleinen Dorf befindet und wir hier selbst kochen können. Kaffee, Essig und Olivenöl bekommen wir vom Haus gestellt.

Jetzt, nachdem wir im Pool geschwommen sind, sitzen wir entspannt vor dem Haus im Schatten.

Am Nachmittag begrüßt uns der junge Hausbesitzer herzlich, gibt uns einen Stempel und macht für uns telefonisch die beiden nächsten Übernachtungen klar (in San Gimignano und Abbadia Isola). Wir bekommen ein paar Orangen und eine Flasche Wein geschenkt; dann machen wir noch einen kurzen Spaziergang zur Kirche, die aber wegen Einsturzgefahr schon nicht mehr zugänglich ist.

Am Abend sitzen wir ganz alleine auf der Terrasse – weit und breit ist niemand zu sehen – und genießen den Wein und den Sonnenuntergang der Toskana.

Samstag, 7. September 14. Tag
Coiano – San Gimignano

Kurz nach sechs Uhr verlassen wir den gastlichen Ort Richtung San Gimignano. Ich setze meine Stirnlampe auf, damit wir auf den ersten zweihundert Metern, die wir auf der Landstraße gehen müssen, gesehen werden und wir anschließend auch die Wegzeichen sehen. Es wird sehr schnell hell, so wie es auch abends um zwanzig Uhr schnell dunkel wird. Der Weg ist bestens gekennzeichnet und wir kommen gut voran. In einem Waldstück werden wir sehr von Bremsen geplagt. Danach sehen wir mehrmals Männer auf den Feldern stehen und Hunde wild hin und her rennen; wir scheinen aber weder die einen noch die anderen stören, die Hunde rennen achtlos vorbei.

Einmal müssen wir im Abstand von etwa drei Metern an einem großen, heftig bellenden Kettenhund vorbei gehen; wir hoffen, dass die dünne Kette hält.

Gegen zehn Uhr legen wir eine Pause ein, da überholt uns die junge Engländerin. Nun kommt uns ein Paar aus Regensburg entgegen. Wir unterhalten uns eine Weile und sie erzählen uns, dass sie keine Pilger sind, sondern nur von Siena nach Lucca wandern.

Bald kommen wir nach Gambassi Terme, wo wir nach dem Besuch der Kirche aber nur ein kleines Frühstück einnehmen und dann weiter gehen. Die Toskana zeigt sich jetzt von ihrer schönsten Seite: Weinberge, Olivenhaine und Aziendas. Die sanften Hügel werden aber in der Mittagssonne wieder zu steilen Bergen.

In Pancole sind in der Wallfahrtskirche gerade Vorbereitungen für ein großes Fest, das morgen stattfindet: Maria Geburt. Hier besuchen wir auch eine Krippe in einer Höhle mit lebensgroßen Figuren.

An jedem Brunnen, an dem wir vorbeikommen, füllen wir unsere Wasserflaschen auf. Es ist recht heiß, „fa caldo", wie der Italiener sagt. Heute gibt es auch öfter Tische und Bänke an der Strecke, an denen wir rasten können. Einmal finden wir auch ein Schälchen mit ein paar Feigen vor, von denen wir jeder eine essen. Außerdem gibt es am Wegesrand auch Trauben und Brombeeren.

Der Aufstieg nach San Gimignano ist gar nicht so schwer, wie uns das deutsche Paar erzählte; da sind wir anderes gewohnt. In der Stadt fragen wir uns durch zum Kloster der Benediktinerinnen. Eine Nonne, etwas jünger als wir, heißt uns willkommen, aber wir merken, dass es Arbeit für sie ist. Als wir erzählen, dass wir morgen unseren 40. Hochzeitstag feiern und sie auch noch erfährt, dass wir katholisch sind, ist sie sehr freundlich. Sie erzählt uns, dass sie nur vier Nonnen im Kloster seien. Ich sage ihr, dass wir in Pancole viele junge Nonnen gesehen hätten und da meint sie, dass das ein anderer und wohl liberalerer Orden sei.

Nun sitzen wir in einem schönen Zimmer mit Blick über die Toskana und warten auf den 17 Uhr-Gottesdienst bei den Augustinern.

Um 16:30 Uhr gehen wir los und suchen die Kirche. Erst kommen wir in die Kirche San Bartolo. Unterwegs treffen wir wieder die vier Italiener. Nach vielen Fragen finden wir die Chiesa San Agostino. Dort sehen wir auch die italienische Familie. Sie war gestern einen Bus früher gefahren und er entschuldigte sich, weil er vergessen hatte, uns dieses vorher zu sagen. Sie bleiben auch zur Heiligen Messe.

Der junge Priester, der die Messe zelebriert, stammt aus Südamerika. In Italien gibt es wie bei uns Priestermangel; ebenso mangelt es an Messdienern. Außer beim Festgottesdienst in Fiorenzuola d'Arda sahen wir keine Messdiener. Ein älterer Herr übernimmt diese Aufgabe und stimmt auch die Lieder an. Am Ende des Gottesdienstes verabschiedet der Priester alle Gläubigen an der Kirchentüre.

Wir bummeln noch etwas durch das touristendurchtränkte Städtchen und essen zu Abend. Dort, etwas abseits der Hauptstraße, treffen wir auch wieder die junge Engländerin.

Nach dem Sonnenuntergang – nicht sehr spektakulär – begeben wir uns wieder in das Kloster zum Schlafen. Und siehe da, die Franzosen sind auch schon da. Um 22 Uhr, wir schlafen schon fest, klingelt mein Handy. Beim Aufwachen meine ich, dass es der Wecker ist. Und wundere mich über meine noch vorhandene Müdigkeit. Aber es ist Reinhard, der mich von der Pfarrwiese St. Elisabeth in Paderborn aus anruft und mir vom hervorragenden Verlauf des Elisabethfestes berichtet. Er wünscht uns alles Gute für den morgigen Hochzeitstag und da ich recht müde bin, schlafe ich schnell wieder ein.

Sonntag, 8. September — 15. Tag
San Gimignano – Abbadia Isola

Heute sind wir 40 Jahre verheiratet. Wir wissen aber noch nicht, was an unserem Hochzeitstag auf uns zukommt, was der Tag mit sich bringt und wie unsere Herberge heute Abend aussieht.

Um halb sechs Uhr gehen wir nach unten in den kleinen Speiseraum zum Frühstücken. Die drei Franzosen, ein Mann und zwei Frauen, sind schon da. Kaffee gibt es in der Küche: auf dem Herd steht ein großer Topf mit etwa fünf Liter Kaffee, daneben ein etwas kleinerer Topf mit heißem Wasser und ein noch kleinerer mit Milch. Neben dem Herd liegen Suppenkellen, mit denen wir uns den Kaffee in große Tassen löffeln. Dazu gibt es Brot sowie Butter und Marmelade in Portionspäckchen. Für uns gibt es noch zwei Brioches. Als die vier Italiener und die Engländerin kommen, reicht das Brot gerade so, Brioches gibt es keine mehr.

Die Franzosen und die Italiener verlassen nacheinander das Haus. Als wir gehen, dämmert es schon. Wir füllen am Nordtor von San Gimignano unsere Wasserflaschen auf und machen uns auf den Weg durch das Städtchen, von Nord nach Süd. So früh am Morgen kann ich in dem touristengereinigten Städtchen schön fotografieren. Es fährt nur ab und zu eine Kehrmaschine vorbei und ein paar Bars werden geöffnet.

Nachdem wir San Gimignano verlassen haben, liegt die Toskana in leichtem Morgennebel um uns ausgebreitet. Die Toskana wie im Bilderbuch. Aber wir müssen weiter über staubige Straßen, wie gestern. Heute wird es nicht so heiß, der Himmel bewölkt sich.

Während wir durch Colle di Val d'Elsa gehen – hier nehmen wir auch ein zweites Frühstück ein – fallen ein paar Tropfen aus den Wolken. In den Feldern begegnen uns wieder Eidechsen und an den Gutshöfen lustlos bellende Hunde. Ein paar Feigen und Trauben werden von uns verkostet. Die Sonnenblumen sind verblüht und hängen traurig die Köpfe. Das sahen wir auch schon in den letzten Tagen; aber vielleicht sind die Sonnenblumen so traurig, weil es in letzter Zeit so wenig regnete. In der ausgetrockneten Erde sind breite Risse. Aber heute muss ich die Sonnenblumen doch einmal fotografieren, wie sie in ihrer räudigen morbiden Schönheit dastehen.

Um kurz vor 13 Uhr kommen wir in Abbadia Isola an. Wir können unsere Rucksäcke in der Herberge abstellen und bekommen ein Glas kaltes Wasser, dürfen unsere Zimmer aber erst um 14 Uhr beziehen.

So setzen wir uns auf die Bänke am Dorfeingang und ruhen uns aus. Während wir ruhen, gehen die vier Italiener vorüber und winken uns fröhlich zu. Sie gingen vermutlich den „grünen Weg", der weit außerhalb unserer Karte verläuft, und wollen in Monteriggioni übernachten. Da möchten wir jedoch nicht hin, weil dort den Leuten das Futter aus der Geldbörse gezogen wird, wie wir von den Regensburger Wanderern erfahren hatten und uns später von den vier Italienern bestätigt wurde.

Anschließend suchen wir ein Lokal, um am Abend etwas essen zu können. An der einzigen Osteria am Ort treffen wir dann wieder die italienische Familie. Sie übernachten in derselben Ostello wie wir. Am Abend sind wir dann jedoch zusammen mit der Familie zum Abendessen von den Herbergsleuten eingeladen und brauchen deshalb kein Lokal.

Vor dem Abendessen gibt es noch eine Fußwaschung, Ein Ritual mit Gebet, das die Herbergsleute gestern zum ersten Mal durchführten. Dabei wäscht die Frau symbolisch einen Fuß des Pilgers und der Mann liest folgenden Spruch vor:

„Im Namen von Jesus Christus heißen wir dich im Hospital von SS. Cirina und Jacob willkommen. Es möge dir das Ausruhen wohltun und dir Kräfte wiedergeben, um deinen Weg nach Rom fortzusetzen."

Nachdem das bei allen sechs Pilgern durchgeführt wurde, beginnt das Abendessen: Fussili mit Pesto, Tomaten mit Mozzarella, anschließend einen Kuchen á la Nonna und Kaffee. Zum Essen gibt es auch noch einen halben Liter Bier (extra für mich, aber der alte Italiener und seine Enkelin trinken auch mit), Wein und Wasser.

Beim zweiten Gang, den Tomaten mit Mozzarella, muss ich wieder einmal feststellen, dass ich dieses Zeug eigentlich nicht essen muss. Der Mozzarella dient auf der Platte nur als Dekoration, damit die dritte Farbe der italienischen Flagge neben den roten Tomaten und dem grünen Basilikum auch vertreten ist. Und die Menschheit glaubt immer noch, diese Dekoration mitessen zu müssen. Aber unseren italienischen Gastgebern zuliebe esse ich eben auch diese gummiartige geschmacklose Masse.

Wir sitzen zwei Stunden zusammen und unterhalten uns. Dabei erfahren wir, dass die Jugendlichen der Familie Silvia und Flavio heißen. Da heute unser 40. Hochzeitstag ist, darf ich den Kuchen anschneiden.

Das ganze Abendessen einschließlich des Kuchens gab es aber nicht wegen unseres Hochzeitstages, sondern ist die übliche Verköstigung in dieser Herberge. Für uns gab es aber eine extra Kerze.

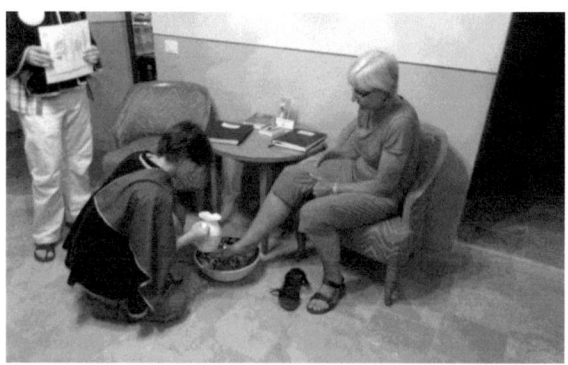

Montag, 9. September   16. Tag
Abbadia Isola – Siena

Wir kommen um Viertel vor sechs Uhr in die Küche und werden von den Gastgebern schon mit einem vollen Tisch erwartet. Seit zwei Wochen sind wir gewohnt, nur Marmeladenbrot bzw. Brioches und Kekse oder Zwieback zum Frühstück zu nehmen. Da darf es heute auch etwas mehr sein.

Nachdem wir unsere Rucksäcke aufgenommen und unsere Spende in einen Kasten gegeben haben – die Übernachtung, das Abendessen und das Frühstück gibt es auf Spendenbasis – werden wir feierlich vor dem Haus verabschiedet.

Die Herbergseltern beten ein „Vater unser" in italienischer, wir in deutscher Sprache, dann liest der Herbergsvater uns noch Segenswünsche für unseren weiteren Weg in deutscher Sprache vor, beide übergeben uns noch jedem ein kleines Stückchen Brot, eingewickelt zusammen mit einem kleine Zettel, auf dem ein Gebet steht, und wir verabschieden uns herzlich voneinander.

Nun gehen wir über die Landstraße hinauf nach Monteriggioni. Für Feld- und Waldwege ist es noch zu dunkel. An der Piazza in Monteriggioni füllen wir unsere Wasserflaschen. Dabei winken uns einige der vier Italiener aus der naheliegenden Ostello zu.

Über zum Teil matschige Wege geht es weiter, aber meistens sind die Wege gut zu gehen, wir müssen nur aufpassen, dass unsere Schuhe vom Lehmboden nicht zu dick werden. Es sind heute nur 25 °C; in der Nacht hatte ich ein entferntes Gewitter gehört und es regnete. Jetzt ist es bewölkt.

In Villa, etwa in der Mitte zwischen Monteriggioni und Siena, lassen wir uns an einem schönen Rastplatz mit Brunnen zu einer Pause nieder. Jetzt überholen uns nacheinander die drei Franzosen, die vier Italiener – sie erzählen uns, dass das Abendessen in Monteriggioni sehr teuer gewesen sei und ärgern sich, als wir von unserer schönen Ostello in Abbadia Isola begeistert berichten – und schließlich noch zwei Bayern, die in jedem Jahr einige Etappen gehen und dabei auch mal 41 Kilometer an der Staatsstraße entlang marschieren, nur um Kilometer zu machen.

Bald nach der Pause kommen wir an einem Feigenbaum vorbei; die vier Italiener essen gerade einige der Früchte, da können wir auch nicht widerstehen. Die Feigen schmecken köstlich, sie sind noch nass und frisch vom nächtlichen Regen.

Als wir weiter gehen, kommt die italienische Familie um die Ecke. Sie hatten sich Monteriggioni gespart, da sie es schon kennen, und nahmen eine Abkürzung. Die beiden alten Herrschaften müssen schon nahe an die 80 Jahre alt sein, denn er erzählte uns gestern Abend, dass ihre Kinder in den Niederlanden geboren wären und sie vor 52 Jahren dort weggezogen seien. Sie sind schon viele Cammini gegangen und kennen sich überall aus. Er meint, dass auf der Via Francigena nur zwölf Prozent der Menschen aus religiösen Gründen gingen, sie schätzt, dass es maximal fünf Prozent wären. Auf unsere Frage, wie denn der Unterschied zum Cammino nach Compostella wäre, sagt er, auf der Via Francigena gehen jährlich etwa 850 bis 1000 Menschen, auf dem spanischen Cammino sind es 100.000; außerdem wäre der spanische Weg bei weitem nicht so bergig wie der italienische.

Die italienische Familie geht nun ein Stück vor uns, aber je näher wir nach Siena kommen, umso langsamer wird die alte Dame. Kurz vor San Martino erreichen wir die Staatsstraße 101, und daran entlang gehen wir weiter.

Schließlich kommen wir gemeinsam am „Siena-Hostel" an. Es liegt etwa vier Kilometer vor dem Zentrum, zwei Kilometer vor dem Tor Porta Camollia. Es gibt noch ein Zimmer für uns beide und wir melden uns an. Aber wir können es noch nicht beziehen, weil noch gereinigt werden muss, und so stellen wir unsere Rucksäcke in eine abgeschlossene kleine Kammer, nachdem wir uns schnell noch etwas Frisches angezogen haben.

Mit dem Bus, der direkt vor dem Hostel hält, können wir in die Stadt fahren. Wir schlendern durch Siena, über den Campo, besichtigen die Basilica di San Domenico und den Dom. Da der Dom mit Besuchern überfüllt ist, sparen wir uns den Weg in die Krypta. Kurz nach 15 Uhr fahren wir zurück zum Hostel, beziehen unsere Zimmer und lassen den Tag ausklingen. Dabei müssen wir feststellen, dass das Essen selbst in den

Außenbezirken von Siena sehr teuer ist. Das muss sich für uns in den kommenden Tagen ändern, denn Pilger wollen eigentlich etwas preiswerter leben, aber essen muss man eben doch.

Dienstag, 10. September　　　　　　　　　　17. Tag
Siena – Ponte d'Arbia

Heute gehen wir für M. S., damit er bald wieder vernünftig gehen kann.

Um halb sieben Uhr wollen wir frühstücken. Da ich aber den Mann an der Rezeption gestern offensichtlich falsch verstand – er sagte wohl halb acht Uhr – trinken wir nur einen Cappuccino aus dem Automaten und ziehen los. Um sieben Uhr passieren wir das Stadttor Porta Camollia, um 7:50 Uhr das gegenüber liegende, die Porta Romana. Dazwischen kaufen wir uns etwas zu essen und suchen den Weg, der ist nämlich am Campo schlecht beschildert.

Die Gruppe der vier Italiener und die italienische Familie, die im selben Hostel übernachteten wie wir, werden wir auf unserem weiteren Weg nicht mehr sehen. Alle acht Wanderer beendeten ihren Weg in Siena.

Einige Kilometer hinter Siena essen wir unsere Brote, dabei überholt uns ein italienischer Pellegrino, der ebenfalls nach Rom gehen will. Wir sehen ihn im Laufe des Tages noch öfter, zum Beispiel, als wir nacheinander an einem Feigenbaum ankommen und gemeinsam über die Feigen herfallen. Später, kurz vor Isola d'Arbia, suchen wir zusammen einen Weg über einen breiten Graben auf die Landstraße.

Auf dieser Straße kommt die Engländerin auf uns zu. Sie geht zusammen mit dem Italiener weiter – sie spricht auch italienisch und französisch – und wir in kurzem Abstand hinterher. Hinter Isola d'Arbia geht die Engländerin auf der Landstraße weiter – sie interessiert sich wohl weniger für die Natur – der Italiener und wir halten uns an den Weg und schlagen den Feldweg ein.

Da wir heute Morgen schon vier Kilometer bis in das Zentrum von Siena hatten, wollen wir nur bis Monteroni d'Arbia gehen und biegen deshalb von der Via Francigena ab. Aber weder die Unterkunft in der Parrocchia (wahrscheinlich ist der Pfarrer in Ruhestand) noch das „Bella Napoli" existieren noch. Deshalb entschließen wir uns, dieses ungastliche Dorf zu verlassen und bis Ponte d'Arbia weiter zu gehen. Das sind noch neun Kilometer.

Aber die Wege sind heute recht gut und einmal können wir am Bahndamm viele süße Brombeeren naschen. Hin und wieder sehen wir auch Fasane, die, von uns aufgeschreckt, vor uns herrennen und dann in das Feld fliegen; in den letzten Tagen sehen wir mindestens einen täglich.

In Ponte d'Arbia fragen wir in einem Café ein paar Herren nach dem „Centro Culturale". Sie geben uns lächelnd Auskunft, denn es ist eigentlich keine Herberge, sondern eine Bruchbude. Die besten Zeiten hat das Haus schon lange hinter sich und wird nicht mehr gepflegt. Aber weiter suchen wollen wir nicht, es ist fast 16 Uhr und wir sind heute 33 Kilometer gegangen. Es war zwar ganz schön zu gehen, meist bewölkt, manchmal sonnig, nicht zu heiß, aber es ist genug.

Im Centro Culturale sind schon die drei Franzosen in einem Drei-Bett-Zimmer, wir beziehen ein Zwei-Bett-Zimmer. Zwischendurch ziehen wir in einen größeren Raum mit vielen Betten um, weil wir bemerken, dass an unserer Zimmertür ein „Reserviert"-Zettel hängt. Aber das ist ein Irrtum, der Zettel ist schon einige Tage alt, und wir ziehen wieder zurück.

Um 19:30 Uhr kommen noch mindestens fünf Fahrrad-Pilger, die sich in den beiden Viel-Bett-Zimmern ausbreiten. Der Vorteil des Hauses ist, dass wir kochen können – die Franzosen tun dies auch – aber wir müssen erst mal spülen. Diese Herberge kann ich nicht weiter empfehlen.

Den Italiener und die Engländerin sehen wir heute nicht mehr, aber beide wollten auch in diesem Ort übernachten.

Mittwoch, 11. September   18. Tag
Ponte d'Arbia – San Quirico d'Orcia

Wir beide frühstücken im großen Gemeinschaftsraum, anschließend die Franzosen. Als wir gegen sieben Uhr das Haus verlassen, ist schon einer der Fahrradfahrer weg. Es ist heute sehr neblig, in den Bäumen am Fluss lärmen die Stare.

Langsam wird es hell und aus dem Nebel tauchen schemenhaft die Bäume auf. Wenn die Sonne durch den Nebel bricht, gibt es immer neue Ansichten und noch schönere Aussichten. Ich könnte immer wieder stehen bleiben und fotografieren. Die Toskana zeigt sich hier von ihrer schönsten Seite. Aber wir sind hier nicht auf einer Fotosafari, sondern auf einem Pilgerweg.

Bald kommen wir durch Buonconvento. Am Ortsausgang zeigt unsere Karte einen Weg an der Bahn entlang. Da wir schon nach kurzer Zeit keine Zeichen mehr sehen, kehren wir um und gehen an der Straße weiter. An einer Kreuzung wählen wir die „grüne Route", da uns der Verkehr an der Hauptverkehrsstraße doch zu heftig ist. Wir kommen wieder in die Hügel und sehen in der Ferne Montalcino auf einem hohen Berg. Aber der Weg führt uns an Montalcino vorbei und nicht hinauf. Der Weg ist heute wunderbar zu gehen, aber auch wieder viel bergauf und bergab. Der Himmel ist blau mit weißen Wolken, eine große davon ist leider schwarz. Wir wechseln von den Sonnenbrillen zu den normalen Brillen und schon sieht die Welt wieder viel besser und heller aus. Ein paar Tropfen fallen doch noch aus den Wolken, aber die reichen nicht einmal zu einer Erfrischung.

Gegen Mittag kommen wir nach Torrenieri. Während wir in der Bar sitzen und Kaffee trinken, gehen die Franzosen vorüber. Sie hatten wir schon einmal weit hinter uns gesehen.

An der Bushaltestelle stehen einige Leute, und so kommen wir auf die Idee, dass Hanni wegen ihrer Blasen das letzte Stück nach San Quirico d'Orcia mit dem Bus fahren könnte. Die Zeit reicht aber nicht mehr, um in einem Tabakladen, der einige hundert Meter entfernt ist, eine Fahrkarte zu kaufen. Deshalb fragen wir den Busfahrer, ob Hanni im Bus zahlen könnte und vor allen Dingen, ob der Bus nach San Quirico d'Orcia fährt. Leider nein, er fährt nach Montalcino. Der andere Bus kommt erst in zwei Stunden. So muss Hanni doch zu Fuß gehen.

Nun schauen wir erst mal in die Kirche und gehen dann weiter. Von Torrenieri nach San Quirico d'Orcia sind es noch fast acht Kilometer, auf einer kaum befahrenen Landstraße, bergauf, bergab. Kurz vor 14 Uhr sind wir da, die Franzosen waren auch gerade angekommen. Hinter der Kirche setzen wir uns alle im Schatten zur Ruhe.

Ich mache einen Rundgang, da die Türe, vermutlich der Eingang zur Ostello, verschlossen ist.

Vor der Kirche, am Pfarrhaus, sitzt der Italiener und sagt mir, dass der Pfarrer Don Gianni Lanini um 14:30 Uhr öffnet. Das berichte ich den Franzosen weiter und so stehen zur angegebenen Zeit sechs Pellegrini vor dem Pfarrhaus.

Der Pfarrer erzählt uns die Verhaltensregeln – was ein halbwegs zivilisierter Mensch sowieso schon weiß – und zeigt uns die Herberge.

Unten neben dem Eingang befinden sich eine Toilette und zwei Duschen. Dann geht es eine schmale, steile Treppe hinauf; kurz vor dem Ende ist der Eingang zur Küche, aber ohne Absatz auf der Treppe. Danach sind wieder eine Toilette und eine Dusche. Eine weitere Treppe nach rechts führt in die beiden Acht-Bett-Zimmer, die nun bezogen werden. Männlein ins linke Zimmer, Weiblein ins rechte Zimmer.

Nach dem Duschen und Waschen gehen wir durch das Städtchen und besuchen mehrere Kirchen. Die Kirche, neben der wir wohnen, ist den Heiligen SS. Quirico e Giulitta geweiht. Da wir selbst kochen können, kaufen wir einige Lebensmittel ein und treffen dabei auch wieder den Italiener.

Zurück in der Ostello stellen wir fest, dass noch drei weitere Pilger angekommen sind: ein Franzose und ein dänisches Ehepaar; er stammt aus Österreich, war vor vielen Jahren nach Bornholm gezogen, hatte vor kurzem einen Schlaganfall und daher kein Kurzzeitgedächtnis mehr.

Wenn er irgendwo einen Kaffee trank, behielt er den Kassenbon bis zum nächsten Café, damit er immer wusste, wo er zuletzt war. Für weitere Nachfragen, was die jüngste Vergangenheit betraf, musste er seine Frau zu Hilfe holen.

Diese drei gehen abends essen, wir anderen kochen in der Küche; erst wir und die Franzosen, dann der Italiener. Es ist nur Platz für fünf, und auch das ist schon sehr eng.

Vor dem Abendessen ist noch Appell beim Pfarrer, er bestellte uns für 18:30 Uhr. Aber da ist noch Messe und so bekommen wir den Schluss noch mit. Dann trägt er erst mal die Daten von den Ausweisen in das große Meldebuch ein, der Reihe nach von allen neun Pilgern. Anschließend gibt es Stempel in die Pilgerausweise, danach wird bezahlt: jeder neun Euro, er nimmt keinen Cent mehr. Drei Durchgänge für die ganze Meute.

Hinterher lehnt sich der Pfarrer (Pastor kann man nicht sagen, denn „il pastore" = der Schäferhund) in seinem Sessel zurück und hält einen Vortrag über den nächsten Streckenabschnitt – in englischer Sprache, das ist für die Franzosen etwas schwierig, da für sie französisch die Weltsprache ist und sie manchmal nachfragen müssen. Der Streckenabschnitt ist fast 30 Kilometer lang, jeweils alle zehn Kilometer gibt es Wasser und dazwischen nichts, kein Haus, keine Zivilisation, nichts. Und an die Schafe dürfen wir nicht zu nahe herangehen, denn wo Schafe sind, da sind auch Schäferhunde, und die sind gefährlich. Außerdem ist ein Weg ausgeschildert, der fünf Kilometer Umweg bedeutet und man kann am ersten Brunnen in Gallina kein Wasser nachfüllen; diesen Weg sollten wir auf keinen Fall gehen.

Der Vortrag macht den Eindruck, als wären wir bei Karl May und wollten die Wüste durchqueren, sollten auf die Oasen achten, nicht die Wege verlassen und uns vor Löwen in Acht nehmen. Als wir das Pfarrhaus verlassen, schlottern uns fast die Knie.

Heute sind wir für unsere Freunde aus dem Familienkreis gegangen.

Donnerstag, 12. September 19. Tag
Ruhetag in San Quirico d'Orcia

Für so ein Massenlager – das zweite, das wir erleben – ist die Nacht sehr gut. Es gibt kaum Geschnarche, im Gegensatz zu San Miniato Basso. Wir liegen ja auch in ordentlichen Betten.

Um sechs Uhr ist die Nacht zu Ende, drei Leute fangen im Taschenlampenlicht an zu packen, bis es dem Dänen zu bunt wird: er steht auf, macht das Licht an und packt auch. Nachdem die drei grußlos verschwunden sind, macht er das Licht aus und legt sich wieder hin. Viertel vor sieben Uhr stehen wir dann beide auf. Im Mädchenzimmer sind nur noch Hanni und die Dänin. Die beiden Dänen nehmen ihre Rucksäcke und verabschieden sich. Ich wasche unsere Schlafsäcke und unsere Schlafanzüge, hänge sie auf die Wäscheleine draußen neben der Kirche auf, und nach dem Frühstück verlassen wir auch das Haus. Die Rucksäcke lassen wir auf den Betten zurück. Zwischen neun und vierzehn Uhr wird gereinigt, da darf keiner im Haus bleiben.

Nebenan im Rathaus schauen wir uns eine Ausstellung an; das ist gerade günstig, weil es etwas regnet. Anschließend gehen wir durch die Gässchen, an der Stadtmauer entlang und in die Wallfahrtskirche Santa Maria di Vitaleto. So ist pilgern schön, wenn wir mal einen freien Tag einlegen können und nicht von Etappe zu Etappe hetzen müssen. Die drei Franzosen wollen nächsten Mittwoch in Rom sein, das sind täglich mindestens 30 Kilometer ohne Ruhepause. Dabei soll pilgern doch entspannend sein.

Nun sitzen wir in der Sonne und genießen den Tag. In den Kirchen sind gregorianische Gesänge zu hören, das war auch schon unterwegs in den Kirchen der größeren Städte der Fall.

Als wir nach 14 Uhr den Schlüssel zu unserer Herberge wieder abholen, treffen gerade zwei junge Pilgerinnen ein, die aus Berlin stammen. Wir sagen ihnen, dass sie sich beim Pfarrer melden müssen und fangen dann an zu kochen. Nach einer halben Stunde kommen sie mit dem Pfarrer ins Haus. Im Laufe des Nachmittags treffen noch mehr Pilger ein, am Abend sind wir wieder neun: fünf Italiener und vier Deutsche, davon fünf

Männer und vier Frauen. Der Pfarrer sagte uns, wenn Pilger eintreffen, sollen wir sie erst mal zu ihm schicken. Dort müssen sie alle eine halbe Stunde warten. Er sieht aus wie Tim Mälzer, der Fernsehkoch, nur etwas kräftiger.

Die beiden jungen Frauen aus Berlin haben seit über einer Woche nichts Warmes mehr gegessen. Deshalb laden wir sie zum Essen ein – das Risotto lässt sich noch strecken – und verbringen fast drei Stunden mit Kochen, Essen, Erzählen und anschließendem Spülen in der Küche. Danach kaufe ich noch etwas Obst für das Abendessen, die vorgesehenen Tomaten überlebten das Mittagessen nicht.

Um 18 Uhr läuten die Glocken, und diesmal sind wir recht pünktlich zur Messe. Es sind wieder die gleichen fünf Besucher wie gestern in der Kirche – die Messe findet in einem Seitenschiff statt – aber heute ist nur eine statt zwei Nonnen da. Dafür stehen dem Pfarrer heute zwei Diakone zur Seite. Mit der Zeit treffen sieben der neun Pilger ein. Nur die beiden deutschen Frauen fehlen, sie haben mit der Kirche nichts zu tun. Auf Nachfragen erklären sie, dass sie die Jugendweihe empfangen haben. Beide sind jetzt 20 Jahre alt.

Der Pfarrer predigt auch, das scheint er jeden Tag zu machen. Er hat kein Manuskript, aber da er wie ein Maschinengewehr spricht, hätte er auch keine Zeit, darin zu lesen. Bei der Wandlung kommt mir dann die Andacht etwas abhanden: Da der Pfarrer ein kurzärmeliges Hemd trägt (gestern hatte er auch eine kurze Hose an, weil es fast 30 °C warm war), rutscht ihm das Messgewand bis auf die Schultern zurück und er hält mit nackten Armen den Kelch in Höhe. Dieser Anblick ist doch etwas gewöhnungsbedürftig.

Nach der Messe ist der übliche Empfang beim Pfarrer mit dem gleichen Ablauf wie gestern: Eintrag in das Meldebuch, Stempel, Kassieren der Beiträge, Wegbeschreibung. Aber heute erzählt er alles erst in italienischer, dann in englischer Sprache. Es ist heute jedoch nicht so dramatisch wie gestern, jedenfalls nicht in der englischen Ausführung, in der italienischen schon. Die Schäferhunde vergisst er fast. Wahrscheinlich nimmt er an, dass wir alles schon den jungen Frauen erzählt haben, denn er sah uns schon zusammen beim Mittagessen. Dann verabschiedet er uns herzlich und bittet uns, das Einwerfen der Schlüssel in den Briefkasten morgen früh nicht zu vergessen, denn er möchte sie ungern im 30 Kilometer entfernten Radicofani abholen.

Am Abend sitze ich mit zwei Italienern in der Küche, trinke Wein und schreibe Tagebuch. Sie essen zu Abend, wir unterhalten uns etwas, dabei bekomme ich auch etwas Salami und Brot ab. Die Frauen liegen derweil in den Betten und unterhalten sich dort.

Freitag, 13. September   20. Tag
San Quirico d'Orcia – Radicofani

Mein Wecker klingelt um 5:45 Uhr, die beiden Italiener, mit denen ich gestern Abend in der Küche saß, stehen auch auf. Ich packe meine Sachen und ziehe damit in die Küche, um die beiden anderen Italiener nicht zu stören. Wir frühstücken mit den beiden deutschen Frauen, die zwei Italiener ziehen um 6:30 Uhr los.

Zu viert verlassen wir kurz vor sieben Uhr das Haus. Die drei Frauen gehen zur Bushaltestelle, weil sie ein Stück des Weges mit dem Bus fahren wollen. Ich gehe alleine weiter, erst steil bergauf, dann steil bergab. Teils über Feldwege, teils an der Straße, die aber wenig befahren ist.

Hinter Gallina schlage ich einen Feldweg ein, der laut Karte genauso lang ist wie der Weg auf der Landstraße. Aber er führt erst mal steil bergauf. Oben finde ich ein wunderbares Plätzchen für die Pause: eine Bank mit Tisch. Bei einem Telefonat mit Hanni erfahre ich, dass die Frauen mit dem Bus bis Bisarca gefahren sind und von da aus weiter gingen; jetzt machen sie auch gerade Pause und haben nur noch drei Kilometer bis Radicofani zu gehen.

Auf meinem weiteren Weg komme ich in die Nähe einer Schafherde, der Weg führt in etwa 150 Metern Entfernung vorbei. Ich versuche, mich vorbei zu schleichen, aber die Hunde sind aufmerksam und bellen. Bei meinem Rückzug sehe ich eine junge Frau, die mir mit Zeichen bedeutet, ich könne vorbei gehen, die Hunde würden mir nichts tun (sagen ja alle Hundebesitzer). Nun gehe ich langsam und vorsichtig weiter, die Frau steht etwa 50 Meter entfernt zwischen mir und den Schafen und spricht mit den großen weißen Hütehunden. Das tue ich auch, als sie bellend näher kommen. Zwei bleiben drei bis vier Meter vor mir stehen und bellen weiter, der dritte kommt zu mir und beschnüffelt mich. Die Frau zeigt noch auf meinen weiteren Weg und ruft mir zu: „Agritourismo, cane!" Also Vorsicht, da lauern weitere Hunde.

Ich bedanke mich für die aufmunternden Worte und ziehe weiter. Und 300 Meter weiter treffe ich wieder auf zwei große Hunde, von denen einer weiter hinten auf dem Grundstück heftig bellt und der andere mich nur von der anderen Straßenseite aus gemütlich anschaut.

An der Tankstelle in Bisarca lege ich eine Kaffeepause ein und fülle meine Wasserflaschen auf. Inzwischen ist es wieder recht warm geworden. Ich nehme mir vor, die Straße nicht mehr zu verlassen (wegen der Hunde). Schafe habe ich nie so ungern gesehen wie heute.

Die Straße führt tatsächlich immer nur bergauf, außer vielleicht einen Kilometer. Am selben Rastplatz wie die Frauen heute Morgen lege auch ich eine Pause ein. Unterwegs kommt mir auf der anderen Straßenseite ein großer Hütehund entgegen, aber der hat mehr Angst als ich. Da er an mir vorbei muss, versucht er die Straße zu verlassen; die wird an dieser Stelle jedoch von einem Zaun begrenzt. So zieht er den Schwanz ein und trottet weiter.

Um 15 Uhr komme ich in Radicofani an. Ich bin recht kaputt, weil schon den ganzen Tag mein rechtes Knie schmerzte. Am Abend kann ich kaum gehen. Wir vier Deutschen essen gemeinsam zu Abend, anschließend sitzen wir am großen Tisch beim Wein zusammen. Die beiden Italiener und das italienische Paar, das wir in San Quirico d'Orcia schon gesehen hatten, sitzen auch mit am Tisch und essen.

Vorher war noch Pfarrer Fausto da, gab uns einen Stempel und schrieb die Personalien auf. Das italienische Paar war unterwegs ein Stück mit dem Auto gefahren worden: die Hütehunde hatten sie nicht vorbei gehen lassen. Wahrscheinlich hatten sie mit den Stöcken nach den Hunden geschlagen statt mit ihnen zu reden.

Gegen 19 Uhr kommen noch vier italienische Männer, die dann bei den beiden jungen deutschen Frauen im Zimmer einquartiert werden, das italienische Paar schläft bei uns im Zimmer und die beiden anderen Italiener haben ein eigenes Zwei-Bett-Zimmer.

Heute Morgen ging ich durch die Toskana der gepflügten Felder und Hügel, am Nachmittag wachsen sich die Hügel zu Bergen aus, Radicofani – Lisa, eine der beiden Berlinerinnen, sagt statt Radicofani immer „Radio Fanni" – liegt 800 Meter hoch.

Samstag, 14. September 21. Tag
Radicofani – Acquapendente

Heute gehen wir für unsere Verwandten.
Wir sind heute die letzten, die das Haus verlassen; wir, das sind Sophia und Lisa sowie Hanni und ich.

Das italienische Paar ist schon um halb sieben mit dem Bus gefahren – ihre Tour endete in Radicofani – und die anderen Italiener, einmal zwei und einmal vier Mann, sind auch schon weg. Es ist acht Uhr und die Sonne scheint schon.

Nun soll es zehn Kilometer bergab gehen. Mein rechtes Knie ist mit einem Stützverband verziert. Auf der Schotterstraße geht es tatsächlich mehr oder weniger steil bergab. Einmal gibt es ein paar kümmerliche Feigen, einmal ein paar Birnen am Wegesrand. Zwei Mal kommen wir an kleinen Kirchen vorbei, die wir besuchen. Mehrmals werden wir von kleinen und großen frei laufenden Hunden angebellt. Als ein großer Hund auftaucht, sagt Sophia: „Ich gehe mal nach hinten." Nachdem wir vorbei sind und der Hund hinter ihr herläuft, sage ich zu ihr: „Kennst du den Spruch: `Den Letzten beißen die Hunde´?" „Hättest du das nicht gleich sagen können?" ist die Antwort.

Wir kommen in die Nähe einer Schafherde und sehen einen weißen Hund auf der Straße liegen; deshalb entschließen wir uns, über das Feld zu gehen. Das ist an dieser Stelle kein Umweg, da wir in einer Kurve die Strecke sogar leicht abkürzen können.

In Ponte a Rigo ist ein schöner Rastplatz neben einer keine Kirche, den wir zu einer Pause nutzen. Neben der Kirche stehen auch einige Container, die im Reiseführer der Studentinnen als Übernachtungsmöglichkeit ausgewiesen sind. Die Frauen schauen durch die Fenster – und wenden sich mit Schaudern ab.

Als wir ein Stück weiter in Centeno einen Kaffee trinken wollen, ist die Bar geschlossen – Mittagsruhe.

Kurz vor Acquapendente hängt unsere Zunge am Boden, aber es nutzt nichts, wir müssen noch einen steilen Anstieg von etwa einem Kilometer überwinden, um in die Stadt zu kommen. Sophia eilt voran, wir anderen drei hecheln hinterher. In Acquapendente angekommen, müssen wir noch durch unwegsames Gelände bergauf und bergab gehen; über die Straße wäre es einfacher gewesen. Aber die Via Francigena ist nicht unbedingt der kürzeste und einfachste Weg nach Rom.

Die Suche nach einer Herberge gestaltet sich schwierig: die erste sieht nicht sehr einladend aus – die Engländerin übernachtete hier und war überhaupt nicht begeistert, erfuhren wir später – und die zweite Herberge ist recht schwer zu finden.

Wir müssen mehrmals fragen, da sie außerhalb des Städtchens liegt. Die Frauen wollen fast schon umkehren, da keine Häuser mehr zu sehen sind, aber dann entdecke ich doch noch das alte Kloster. Zwei bekannte Italiener sind schon da, die vier anderen kommen nach uns an.

Eine freundliche Nonne (Suora Amelia) begrüßt uns, zeigt uns die Küche und den Wäscheplatz und weist uns ein Zimmer zu. Anscheinend sind wir eine Familie, denn wir bekommen ein Vier-Bett-Zimmer. Nach Duschen, Wäsche waschen und Kaffee trinken gehen Sophia und Lisa in das Dorf hinunter zum Einkaufen. Hanni und ich legen uns hin zum Ruhen. Bald zieht der Essensduft durch das Gebäude und die beiden rufen uns zum Dinner.

Heute haben wir die Toskana verlassen und sind im Latium angelangt; wir durchqueren also die gesamte Toskana von Norden nach Süden, angefangen am Cisa-Pass. Vorher waren wir schon im Piemont (im Juni), in der Lombardei und in der Emilia Romana.

Sonntag, 15. September **22. Tag**

Acquapendente – Bolsena

Hanni und ich verlassen um acht Uhr das Kloster, nur noch Sophia und Lisa sind im Haus. An der Bushaltestelle fragen wir mehrere Leute, ob denn heute am Sonntag ein Bus nach Bolsena fahren würde. Ich wollte nämlich wegen meines schmerzenden Knies mit dem Bus fahren. Mehrere Leute werden aus dem Fahrplan nicht schlau, weil dieser sehr verbleicht und schlecht zu lesen ist. Ein Rennradfahrer telefoniert sogar viele Minuten lang mit der Buszentrale und kommt dann zu dem Schluss, dass heute kein Bus fährt. So gehen wir los Richtung Ortsausgang.

Gestern hatten wir alle vier schon festgestellt, dass Acquapendente einen düsteren Eindruck macht.

Am Ortsausgang führt die Via Francigena nach links, die Hauptstraße nach Bolsena geradeaus. Hier warten wir auf die beiden Studentinnen, die wir schon weit hinter uns sehen, und als sie kommen, geht Hanni mit ihnen. Ich gehe auf der Hauptstraße weiter, um es als Anhalter zu versuchen. Nach einer Weile hält ein deutsches Ehepaar an und nimmt mich etwa zehn Kilometer mit. Die restliche Strecke nach Bolsena gehe ich dann an der Straße entlang.

In Bolsena frage ich am Ortseingang einen Fahrradfahrer nach der Unterkunft. Es ist ein deutscher Urlauber, er kennt sich hier aus und sagt mir, dass ich immer geradeaus durch die Altstadt gehen müsse. Als ich an der Kirche San Cristina ankomme, ist gerade Heilige Messe und ich setze mich dazu – der Pfarrer predigt gerade.

Nach der Messe suche ich die Herberge nebenan auf. Eine junge Nonne heißt mich willkommen. Ich sage ihr, dass noch meine Frau und zwei weitere Pilgerinnen kommen würden und ob wir zwei Nächte bleiben könnten. Sie muss sich erst bei der Oberin erkundigen. Später – so gegen 15 Uhr – kommt sie wieder und sagt mir, ich könne mit Hanni zwei Tage bleiben. Aber für die anderen ist kein Platz mehr, denn es wären noch weitere Pilger angekommen, die sich schon telefonisch angemeldet hätten. Es waren die sechs Italiener, die wir seit einigen Tagen kennen.

Gegen 17 Uhr kommen die drei Frauen zur Ostello. Ich hatte sie vorher telefonisch gebeten, eine andere Unterkunft zu suchen. Aber die Herberge San Maria del Giglio ist geschlossen und so müssen sie nach einer unnützen Bergbesteigung hier anklopfen. Hier ist zwar auch schon alles belegt (ein Ein-Bett-, ein Zwei-Bett- und ein Drei-Bett-Zimmer, jetzt sind wir zusammen mit den Italienern zehn Pilger), aber ich sage der jungen Nonne, wenn sie noch zwei Matratzen auftreibt, machen wir in der kleinen Zelle (5 Meter mal 1,80 Meter) ein Matratzenlager auf. Sie lässt sich überreden und zieht skeptisch los. Als sie mit einer Matratze zurückkommt – eine finden wir noch im Wandschrank – sind die beiden Italiener vom Einkaufen zurück. Einer der beiden macht der Nonne klar, dass wir eine Familie sind – wahrscheinlich glaubt er das sogar. Die Nonne ist zufrieden, zieht ab und wir legen die Zelle mit Matratzen aus. Dann bleiben noch etwa zwei Quadratmeter frei für die Rucksäcke und ein kleines Tischchen.

Nach einer halben Stunde kommt die Nonne zurück und nimmt Sophia und Lisa mit, weil es doch zu eng hier ist – sie hat einen anderen Raum bei den Nonnen aufgetrieben. Aber: „Papa und Mama bleiben hier!" Jetzt dürfen wir alle für zwei Nächte hier bleiben, wir sind ja eine Familie.

Um zwei Mal in einer Herberge übernachten zu dürfen, muss mindestens einer aus der Gruppe ziemlich lazarettbedürftig sein. Das war in San Quirico d'Orcia auch schon so (da war Hanni von Blasen an den Füßen geplagt).

Am Abend gehen wir zusammen in das Städtchen, essen Pizza und Papa gibt für die Familie ein Eis aus, kochen können wir heute leider nicht. Die Frauen sind heute 26 Kilometer gegangen.

Montag, 16. September — 23. Tag
Ruhetag in Bolsena

Heute ist Ruhetag. Bis halb acht Uhr sind alle anderen Pilger aus dem Haus, dann können wir erst in das Bad. Anschließend erscheint die junge Nonne und sagt, dass Lisa und Sophia noch schlafen. Wir fragen sie, ob wir zusammen im großen Zimmer schlafen könnten, weil das andere, in das sie Lisa und Sophia einquartieren wollte, kein Fenster hat und Durchgangszimmer ist. Ja, das könnten wir, aber erst, wenn sie es gereinigt hat. So gehen wir beide erst mal in die Bar nebenan zum Frühstücken.

Kurz nachdem wir zurück sind in unserem Zimmer, kommt die Nonne mit Sophia und Lisa im Schlepptau. Diese beiden gehen dann zum Frühstücken nebenan in die Bar, wir warten, bis die Nonne geputzt hat und bringen dann unsere vier Rucksäcke in das größere Zimmer. Anschließend gehen wir alle vier in die Kirche San Cristina und schauen uns das Grab der Heiligen Christina sowie die Capella di San Michele an.

Dann trennen sich unsere Wege wieder: Sophia und Lisa gehen in der Stadt bummeln, wir gehen hinunter zum See. Die beiden haben einen Hausschlüssel und wir auch. Hanni muss natürlich schwimmen. Ich sitze am Strand und fotografiere Eidechsen.

Auf dem Rückweg zum Kloster gehen wir durch das Städtchen. Über der kleinen Altstadt thront eine Ritterburg, Den Aufstieg ersparen wir uns aber, Hanni wegen der Blasen an ihren Füßen und ich wegen meines schmerzenden Knies.

Den Nachmittag verbringen wir mehr oder weniger gemeinsam mit Sophia und Lisa. Inzwischen ist auch die Engländerin in der Ostello angekommen. Sie schläft im Durchgangszimmer.

Das Wetter kann sich nicht entscheiden zwischen Sonnenschein und vielen Wolken. In der Nacht hatte ein heftiges Gewitter mit kräftigem Regen getobt.

Zwischendurch, als wir auf den Betten ruhen, kommt die junge Nonne – dunkelhäutig, Suora Filippina – um die Ausweise der Frauen zum Fotokopieren abzuholen, meinen hatte sie gestern schon kopiert. Außerdem bittet sie um eine Spende für die beiden Übernachtungen – „Papa" zahlt für alle. Anschließend gehen wir hinunter zum See und trinken Kaffee am Strand. Am Abend gehen wir wieder zusammen in die Pizzeria zum Essen.

Da es in dieser Herberge keinen Gemeinschaftsraum gibt, ist es schön, dass wir ein gemeinsames Schlafzimmer haben: so können wir uns vor dem Einschlafen noch eine Weile unterhalten.

Wir wohnen in der Ostello SS. Sacramento = Santissimo Sacramento = Allerheiligstes Sakrament.

Seit wir im Latium sind, auch schon am unteren Ende der Toskana, kommen wir immer wieder an den Ortsrändern an kleinen verwahrlosten Zwingern vorbei, in denen abgemagerte Hunde gehalten werden.

S. Cristina, Bolsena

Dienstag, 17. September   **24. Tag**

Bolsena – Montefiascone

Heute wollen wir für alle Suchtkranken gehen, die wir kennen. Kurz vor acht Uhr verlassen wir das gastliche Haus. Lisa hatte gestern Abend noch einen schönen Kommentar in englischer und in deutscher Sprache von der „deutschen Familie" in das Gästebuch geschrieben. Die beiden gehen zum Frühstück in eine Internet-Bar.

Heute gehen wir wieder getrennt, ohne uns abgesprochen zu haben. Hanni und ich gehen nach unserer Karte und prompt verlaufen wir uns. Als wir lange keine Wegezeichen mehr sehen, kehren wir um und suchen  nach den Zeichen. Das hat uns fast fünf Kilometer Umweg gekostet. Nachdem wir wieder auf dem richtigen Weg sind, ist dieser auch sehr schön zu gehen. Einmal müssen wir auf Steinen, uns an ein Seil klammernd, einen Bach überqueren, ein anderes Mal gehen wir auf einem originalen Pflasterweg aus der römischen Zeit, der „via cassia antica" (siehe Umschlagsfoto). Auch Feigen können wir heute wieder essen.

Kurz vor dem Ortseingang von Montefiascone holt uns ein Fahrradfahrer ein. Er stellt sein Fahrrad drüben am Straßenrand ab und kommt herüber zu uns. „Ich heiße Klaus, und wer seid ihr?" begrüßt er uns. Dann gibt er uns Ratschläge, da er mein verbundenes Knie sieht. „Du musst nach einem Kilometer immer 20 Meter rückwärtsgehen; besonders wenn es bergab geht, musst du immer ein Stück rückwärtsgehen. Damit habe ich auf dem Jakobsweg schon vielen geholfen. Hast du Diclofenac-Tabletten dabei? Nein? Moment, ich gebe dir ein paar. Davon musst du morgens und abends immer vor dem Essen eine nehmen. Und viel trinken. Wasser ohne Kohlensäure. Dann ist in vier bis fünf Tagen alles in Ordnung. Und wenn dein Knie doch operiert werden muss, suche dir einen

Arzt, der die Drei-Punkt-Operation durchführt: ein Loch für das Werkzeug, eines für die Sonde und eines, damit die Flüssigkeit ablaufen kann."

Und so kommen die Ratschläge vom laufenden Band. Er fährt gerade von Düsseldorf nach Rom und fliegt am Samstag wieder zurück. Er ist auch den Jakobsweg schon mehrfach gefahren.

Bevor er uns die Ratschläge gibt, hält er uns eine Wahlkampfrede. Am 22. September ist nämlich Bundestagswahl. Er fragt uns, ob wir schon gewählt hätten. Das müssen wir verneinen, da die Wahlbenachrichtigungen erst nach unserer Abreise verschickt wurden. Das bedauert er genauso wie wir.

Zum Schluss sagt er: „Wenn ich noch mehr Ratschläge erteile, muss ich Honorar nehmen." Er ist Sportmediziner aus Düsseldorf und noch einige Jahre älter als wir.

Nachdem er wieder weiter geradelt ist, kommen Sophia und Lisa um die Ecke. Sie waren eine andere Stecke als wir gegangen und badeten zwischendurch noch im Bolsena-See. Sie kamen auch, kurz bevor sie uns trafen, an dem Punkt der Via Francigena vorbei, von dem aus es noch 100 Kilometer bis nach Rom sind.

Nun gehen wir wieder gemeinsam bis zum Stadttor von Montefiascone. Bei einem Cappuccino erkundigen wir uns nach dem Convento Cappuccini (Kloster der Kapuzinermönche), wo wir übernachten wollen.

Es liegt etwas abseits der Strecke und gegen 14:30 Uhr sind wir dort. Nach einem Telefonat öffnet uns ein älterer Herr und zeigt uns unsere Zimmer: Die Frauen hier in diesem Trakt und der Mann dort drüben in einem anderen Trakt. Dabei habe ich das bessere Zimmer erwischt. Dann kassiert er von mir die Übernachtungsgebühren und ich erkundige mich noch schnell nach einer Kochmöglichkeit, bevor er wieder verschwindet. Er wackelt bedenklich mit dem Kopf, aber nachdem wir etwas betteln, zeigt er uns in der 1. Etage eine kleine Küche, die zu einem Apartment gehört. Wir sollen aber alles wieder schön sauber machen und keinem etwas davon erzählen. Nachteil der Herberge: Es gibt nur kaltes Wasser zum Duschen.

Später gehen die drei Frauen zum Einkaufen. Sie kochen dann auch und ich spüle ab. Nach dem Abendessen erwachen wieder die Lebensgeister von Sophia und Lisa und sie ziehen los in das Städtchen, um den berühmten Wein „Est! Est! Est!" zu kosten.

Nachdem sie weg sind, kommt das „Frollein" – so wurde sie von dem älteren Herrn, der ein paar Worte deutsch spricht, angekündigt, als ich nach dem „Timbro" fragte: „Frollein piu tardi" (das Fräulein kommt später) – und gibt uns die Stempel in die Pilgerhefte (auch für Lisa und Sophia). Danach gehen Hanni und ich schlafen, jeder in seinem Trakt.

Obwohl wir heute nur 15 Kilometer gehen wollten, wurden es 21 Kilometer – wegen des Umweges und weil die Herberge zwei Kilometer außerhalb des Ortes liegt (nicht 800 Meter, wie im Buch vermerkt).

Mittwoch, 18. September 25. Tag
Montefiascone – Viterbo

Hanni und ich ziehen gegen acht Uhr los. Die beiden Studentinnen schlafen noch. Als ich vor dem Kloster warte, bis Hanni sich aus dem Zimmer geschlichen hat, treffe ich den älteren Herrn, der vom Bäcker kommt. Er gibt mir, bevor er mir einen guten Weg wünscht, noch eine Kostprobe seiner Deutschkenntnisse: „Guten Morgen, guten Mittag, guten Abend, gute Nacht" und verabschiedet sich.

Zuerst gehen wir noch ein Stück Richtung Stadt, damit wir zu einem Frühstück kommen. Dann geht es los, heute zumeist auf Feldwegen. Es ist sehr schön zu gehen, die Wegweiser sind auch recht gut. Manche Abschnitte führen wieder über die alte Römerstraße, die „via cassia antica".

Heute kommen wir wieder an vielen Olivenplantagen vorbei, auch viele Walnussbäume stehen am Wegesrand, wie schon so oft in den letzten Wochen. Besonders viele Eichen, selbst ganze Eichenalleen sind zu sehen.

Nach etwa 13 Kilometern kommen wir an die Thermalquellen – Sorgente termale del Bagnaccio – die in unserer Karte verzeichnet sind. Der Eintritt kostet fünf Euro pro Person, aber es lohnt sich. Wir können in vier kleinen Becken baden, die alle verschiedene Temperaturen haben. Eines hat etwa 58 °C, ein anderes knapp unter 50 °C, ein drittes um die 40 °C und das vierte Becken ungefähr Badewannentemperatur. Hier gönnen wir uns eine fast zweistündige Pause.

Als wir wieder weiter gehen, sehen wir Sophia und Lisa mit der Engländerin. Sie waren außerhalb der Anlage in einen kleinen Pool gegangen, der keinen Eintritt kostete. Sie gehen nun einige Hundert Meter vor uns her, bis wir sie aus den Augen verlieren.

In Viterbo fragen wir uns zu unserer ausgewählten Herberge durch. Es ist wieder ein Kloster der Kapuzinermönche und liegt etwa eineinhalb Kilometer außerhalb der Stadtmauern. In dem Zehn-Bett-Zimmer sind wir alleine. Es ist etwas schmutzig, deshalb muss Hanni erst mal putzen. Filippo, ein etwas dickerer Hausmeister, zeigt uns unser Quartier. Einen Schlüssel gibt es nicht. Wenn wir in die Stadt gehen und wieder zurückkommen, brauchen wir vor der Tür nur „Filippo" zu rufen, dann kommt er herunter und schließt uns die Türe auf. Das Fenster oben lässt er offen, damit er uns hört.

In der Stadt besuchen wir die Grabeskirche der Rosa von Viterbo und den Dom, wo wir, ebenso wie bei Filippo, einen Stempel bekommen. Wir gehen durch die Altstadt und sehen auch einige der vielen Palazzi, für die Viterbo berühmt ist. Unterwegs begegnen wir Sophia, Lisa und der Engländerin, die eine Herberge an der Stadtmauer fanden, die noch nicht in unserem Buch verzeichnet ist.

Da wir Filippo nicht richtig verstanden, finden wir das Lokal für das Abendessen nicht. Deshalb schickt er uns nochmal los, als wir aus der Stadt zurückkommen. Zur Sicherheit beauftragt er einen Bekannten damit, uns zu führen, damit wir das Lokal nicht verfehlen – für ihn ist der Weg wegen seiner Körperfülle zu anstrengend, und der Bekannte unterhält sich gerade mit zwei Frauen in der Nähe, als wir mit Filippo den steilen Berg hinunter gehen wollen. So kommen wir auch noch zu einem warmen Abendessen.

Es ist die zweite Herberge ohne warmes Wasser. Wieder die Kapuziner. Aber nach den warmen Quellen heute macht uns das kalte Duschen fast nichts mehr aus.

Filippo ist ein netter Kerl und verabschiedet sich sehr herzlich von uns, nicht ohne uns darauf aufmerksam zu gemacht zu haben, dass wir unbedingt da wieder frühstücken müssten, wo wir zu Abend gegessen haben.

Heute gingen wir für unsere Nachbarn.

Donnerstag, 19. September   26. Tag
Viterbo – Vetralla-Cura

Zum Frühstücken gehen wir wieder in die Bar, in der wir gestern zu Abend aßen. Der Cappuccino schmeckt wunderbar, wie schon der Kaffee gestern Abend, und die Dolci sind richtig groß. Es ist überhaupt der beste Cappuccino, den wir bisher bekamen. Für alles zusammen (zwei Cappuccini, zwei Dolci) zahlen wir nur 3,60 Euro. Das hatten wir schon erheblich teurer.

Unser Weg führt uns mitten durch die Stadt am Dom vorbei. Er ist recht gut gekennzeichnet. Außerhalb der Stadt kommen wir auf Feldwege. Nachdem wir an dem großen Bildnis SS. Ilario e Valentino vorbei sind, ist der Weg mit einem verschlossenen Gatter versperrt. Wir wählen einen Umweg, der uns erst über einen Pfad durch unwegsames Gelände, dann über eine Landstraße – kaum befahren – führt. Bald treffen wir wieder auf die Via Francigena und es geht ein langes Stück an der Schnellstraße entlang, zum Glück auf einem Feldweg.

Dann wählen wir die „grüne Route", weil wir sonst auf der Hauptstraße ohne Seitenstreifen, aber mit Leitplanken, gehen müssten. Sie ist recht gut zu gehen, wie immer bergauf und bergab, durch Gebüsch und Hohlwege. Dabei kommen wir wieder an vielen Eichen, aber auch an Walnussbäumen und heute erstmals an einer Haselnussplantage vorbei. Heute bellen wieder viele Hunde hinter den Zäunen, manche recht aggressiv. Und kleine Wadenbeißer treiben sich vor den Grundstücken herum, die wir mit unseren Stöcken abwehren müssen.

Vor Cura nehmen wir eine Abkürzung, die uns aber an der ausgesuchten Herberge vorbei führt. Wir müssen mehrmals fragen und gehen einige Umwege, bis wir im Monastero „Regina Pacis" in Vetralla-Cura ankommen, ein Kloster der Benediktinerinnen.

Dort werden wir in einem hervorragenden Zimmer einquartiert. Wir nehmen Halbpension und sollen um 19:30 Uhr im „Sala di pranzo" – im Speisesaal – erscheinen. Etwa eine Stunde nach uns kommen auch Sophia und Lisa an, sie hatten im Ort kein Glück mit der Quartiersuche. Auf unserem ganzen Weg heute gab es keinen Kaffee (nach Viterbo) und kein Wasser. Erst ganz kurz vor dem Ziel gab es einen Brunnen.

Um 19 Uhr spielen die Glocken der Klosterkirche das bekannte Marienlied „Salve Regina", eine ganze Strophe. Um 19:30 Uhr gehen wir in den kleinen Speisesaal (es gibt auch noch einen größeren). Der Tisch ist für sieben Personen gedeckt. Außer uns kommen noch zwei ältere Damen und ein Herr sowie eine etwas jüngere Frau, sie ist die Tochter des Ehepaares und weilt zu Besuch hier. Alle sind sehr gut gekleidet.

Auf einem Servierwagen wird das Essen von einer älteren kleinen Nonne hereingefahren. Dann kommt die Oberin, die uns heute Nachmittag empfangen hatte, um mit uns das Tischgebet – ein Vater unser – zu sprechen. Es ist eine recht junge stämmige Afrikanerin. Zum Essen verschwindet sie wieder. Es gibt reichlich Nudelsuppe, dann Mozzarella, gemischtes Gemüse, gebratene Auberginen, Brot, Hähnchenteile und eine Frikadelle. Das Fleisch ist hauptsächlich für uns. Hinterher gibt es Obst. Dazu gibt es Rot- und Weißwein und Wasser. Wasser brauchen die älteren Herrschaften nicht so viel.

Nach dem Essen unterhalten wir uns noch etwas, dabei erfahren wir, dass das Ehepaar 56 Jahre verheiratet ist. Nach 50 Jahren gibt es einen zweiten Ehering, den uns beide stolz zeigen.

Freitag, 20. September   27. Tag
Vetralla-Cura – Sutri

Um 6:30 Uhr fülle ich vor dem Gästehaus unsere Wasserflaschen auf. Dabei sieht mich eine Nonne und sagt, wir könnten zum Frühstück kommen. Wir dachten, dass noch ein paar Leute mit uns frühstücken würden, aber leider sind wir alleine. Danach packen wir unsere Rucksäcke und gehen um 7:30 Uhr in die Heilige Messe.

Die Kirche ist zweigeteilt: Im vorderen Teil stehen Bänke für etwa 60 Gläubige, im hinteren Teil ist das Chorgestühl für die Nonnen. Beide Teile sind etwa gleich groß. Es sind zehn Nonnen da und sie singen und beten schon. In der Mitte der Kirche steht ein großer quadratischer Altartisch. Der Priester erscheint kurz nach uns und zelebriert an der Seite, damit er die Nonnen und auch die anderen Gläubigen sehen kann; außer uns sind noch drei in der Kirche. Auch heute hören wir wieder eine Predigt – in Italien scheint es keine Messe ohne Predigt zu geben, sonntags wie werktags. Am Ende winkt uns die Nonne, die gestern mit uns zu Abend gegessen hatte, ganz herzlich zum Abschied zu. Auch der Pfarrer wünscht uns einen guten Weg, als wir uns vor der Kirche noch kurz mit Sophia und Lisa unterhalten.

Heute gehen wir für alle, die wir auf unserem Weg noch nicht speziell bedacht haben.

Wir gehen durch die Stadt, um noch einzukaufen, Sophia und Lisa gehen den gekennzeichneten Weg. Außerhalb der Stadt führt uns der Weg erst durch einen Eichenwald, anschließend durch viele große Haselnussplantagen. Überall wird geerntet: Mit Gebläsen wie sie bei uns zum Laubblasen verwendet werden, werden die Haselnüsse zu Haufen oder Reihen zusammengeblasen, anschließend kommt eine Kehrmaschine mit Anhänger und sammelt sie auf. Während wir eine Pause am Rande einer Haselnussplantage machen, überholen uns Sophia und Lisa.

Von Hunden möchte ich jetzt nicht mehr berichten, es ist immer das gleiche Theater. Nur noch einen Spruch von Hanni: „Es ist doch ein schönes Geräusch, wenn man sie nicht hört."

Kurz nach Mittag kommen wir durch Capranica mit einer recht bergigen Altstadt. Dort besuchen wir die Kirche Santa Maria. Nun sind es noch sechs Kilometer bis nach Sutri, unserem heutigen Ziel. Diese Kilometer, zum großen Teil auf einer Landstraße, werden wieder sehr lang.

In Sutri fragen wir etliche Menschen nach unserer ausgewählten Herberge, bis wir erfahren, dass diese nicht in Sutri, sondern in Capranica ist, durch das wir vor knapp zwei Stunden schon gepilgert sind. Es ist ein freundlicher junger Mann, der in der Touristeninformation arbeitet und uns darüber aufklärt.

So entschließen wir uns, zu den Karmeliterinnen zu gehen, die ganz in der Nähe in der Altstadt ihr Kloster haben. Inzwischen trafen wir wieder die Engländerin, die sich uns anschließt. Da die Pforte erst um 15:30 Uhr geöffnet wird – in 15 Minuten – geht die Engländerin (sie heißt Alice Clough, wissen wir inzwischen) noch einmal weg. Kurz darauf treffen auch Sophia und Lisa ein.

Um 15:30 Uhr werden wir eingelassen. Nach Erledigung der Formalitäten – wir müssen Ausweise und Pilgerausweise in eine Durchreiche mit halbgeschlossenem Rondell legen, bekommen sie dann wieder, anschließend bezahlen wir das Übernachtungsgeld, die Nonne bekommen wir dabei nicht zu sehen, sondern hören sie nur – gehen wir mit dem ausgehändigten Schlüssel in das Haus nebenan, um das Vier-Bett-Zimmer in unserer heutigen Herberge zu beziehen. Wir sind wieder einmal eine Familie.

Gegen Abend durchstreifen Hanni und ich das Dorf, essen zu Abend in einer Pizzeria, besuchen die Kathedrale sowie zwei weitere Kirchen. Da wir vier nur einen Schlüssel haben und Sophia und Lisa nicht lange ausbleiben wollten, nehmen diese den Schlüssel mit. Als wir zur Herberge zurückkommen, rufen wir „Filippo" – wie vorgestern in Viterbo – und werden von Sophia eingelassen.

Am Abend unterhalten wir uns noch länger als eine Stunde, Alice ist auch ein Weilchen dabei, sie hat ein Einzelzimmer. Außerdem übernachten noch zwei Fahrradfahrer im Haus. Um 20 Uhr ist es schon richtig dunkel.

Samstag, 21. September   28. Tag
Sutri – Campagnano di Roma

Gegen halb acht Uhr verlassen wir das Haus und frühstücken in einer nahe gelegenen Bar. Sophia und Lisa schlafen noch. Beim Füllen unserer Wasserflaschen an einem Dorfbrunnen wünscht uns der junge Mann von der Touristeninformation einen „Guten Weg".

Der Weg führt uns durch das Dorf hinunter an die Hauptstraße. Aber nach kurzer Zeit kommen wir wieder auf Feldwege zwischen die Haselnussplantagen, wo wir gelegentlich von den Erntefahrzeugen eingestaubt werden. Doch bald verlassen wir das Haselnuss-Anbaugebiet, es gibt wieder Olivenhaine, Felder und Brachland. Nun sehen wir wieder Eidechsen und Grashüpfer. Das legt den Schluss nahe, dass die Böden unter den Haselnusssträuchern mit Pestiziden gespritzt sind, um Gräser und Kräuter zu vernichten, die die Ernte erschweren könnten. Alice, die Engländerin, geht mal vor, mal hinter uns, da wir unterschiedliche Pausen einlegen.

Heute können wir mehrmals in Bars Pause machen, einmal davon in Monterosi, einem kleinen Bergdorf. Dort bekommen wir aus einer Tube mit Flüssigschokolade eine Blume auf den Cappuccino gemalt – handgemacht, fast zu schade, den Cappuccino zu trinken. Alice sitzt auch an einem Tisch und schreibt an ihrem Blog über ihren Pilgerweg.

Am Ortsausgang von Monterosi kommen wir auf die Staatsstraße 2. Das erste Stück können wir auf einem Feldweg gehen, aber bald müssen wir auch am Rand der vielbefahrenen Hauptstraße entlang gehen. Wir benutzen dabei die linke Seite, aber Alice geht anfangs noch rechts mit dem Verkehr statt links gegen den Verkehr. Aber bald nimmt sie die Gelegenheit an einer Brücke wahr und wechselt auf die linke Seite.

Gegen 14 Uhr treffen wir in Campagnano di Roma, unserem heutigen Ziel, ein. Wir fragen uns zur Herberge durch und nach einem erfolglosen Telefonat – mangels meiner Italienischkenntnisse – suchen wir nach weiteren Informationen zur Herberge. Wir treffen auf Alice und anschließend auf einen hilfreichen Barbesitzer, und bald können wir unser Lager in einem Pfarrheim beziehen, das zurzeit innen und außen renoviert wird; das ganze Haus ist eine große Baustelle.

Sophia und Lisa erscheinen auch bald. Die drei jungen Frauen bekommen ein kleines Zimmer in der 1. Etage, wir ein riesiges in der 2. Etage. Die Zimmer sind alles heruntergekommene Matratzenlager. Die Personalzettel werden ausgefüllt, dann bekommen alle einen Stempel. Geld wird keines verlangt, es gibt einen Hinweis auf einen Spendenkasten. Anschließend wird geduscht, gewaschen und geruht.

Am späten Nachmittag kommen noch zwei Studenten und eine Studentin, die aus Berlin stammen, an und lagern auf den Matratzen neben uns. Dann bummeln wir beide durch die Stadt, die größer ist, als es unsere Karte vermuten lässt. Campagnano di Roma hat über 11.000 Einwohner. Die Stadt ist richtig lebendig heute am Samstagabend; viele Menschen sind in den Straßen unterwegs. Aber wir finden keine offene Kirche, ich kann allerdings so ohne Stöcke auch nicht so ganz weit gehen.

Dann gehen wir in der Nachbarschaft unserer Herberge zum Abendessen, weil es dort ein Pellegrini-Menü gibt, und das sollte man unterstützen, solange kein überzogener Preis verlangt wird. Es gibt Pasta mit Tomatensoße, ein großes Kotelett mit Brot und einen gemischten Salat. Der Wirt, der uns heute Nachmittag schon zur Herberge verholfen hat, ist anscheinend alleine im Lokal und muss sich auch um das Essen kümmern. Allerdings sind außer uns kaum Gäste da.

Bald finden sich alle Pilger wieder in der Herberge ein. Willi, einer der Berliner Studenten, stellt sich vor und meint, wir müssten doch Hannelore und Eugen sein. Wir sind erstaunt und auf unsere Frage, warum er das annimmt, sagt er, dass er seit Wochen die Eintragungen in den Herbergsbüchern verfolgt. Wir unterhalten uns noch eine Weile, dann gehen die drei auf den Balkon und machen leise Musik mit Gitarre und Mundharmonika; ja, Willi hat eine Gitarre dabei. Willi, Linus und Doreen schlafen in der Nacht auf dem Balkon, wir beide sind in dem großen Zimmer alleine. Doreen fand es sehr frisch, berichtete sie uns am nächsten Morgen.

Jetzt sind es nur noch zwei Etappen bis nach Rom, einerseits ist es schön, dass die Quälerei ein Ende hat, aber andererseits ist es viel schlimmer, dass der schöne Weg mit den vielen interessanten Begegnungen auch bald zu Ende ist.

Sonntag, 22. September   29. Tag
Campagnano di Roma – La Storta

Wir verabschieden uns von Willi, Linus und Doreen mit den Worten: „Hannelore und Eugen wünschen allen nachfolgenden Pellegrini `Buon cammino´!", weil wir das auch oft in die Herbergsbücher geschrieben hatten. Sie sind erfreut und belustigt und wünschen uns ebenfalls einen „Guten Weg".

Heute geht es wieder wie so oft steil bergauf und bergab. Aber es sind schöne Feld- und Waldwege. Dann überholen uns immer wieder Autos, die wahrscheinlich alle das gleiche Ziel haben: In Santuario Madonna del Sorbo, einem kleinen Kloster auf einem steilen Hügel im Wald, sehen wir die Autos alle wieder, als wir dort ankommen; die Messe hat begonnen. Wir kommen zum Gloria, sind aber noch nicht die Letzten, die zur Messe kommen. Die kleine Kirche ist gut gefüllt. Neben dem Pfarrer sind noch drei Mönche in der Kirche, in hellem Habit gekleidet.

Nach dem Segen wünscht der Pfarrer den Gläubigen einen schönen Sonntag und uns beiden Pellegrini einen guten Weg. Viele der Gläubigen nicken uns dabei wohlwollend zu. Am Ausgang der Kirche verabschiedet der Pfarrer alle Gläubigen mit Handschlag, auch uns wünscht er nochmal alles Gute und fragt auch, wo wir starteten, wohin wir gehen und wo wir herkommen. Anschließend machen wir noch eine ausgiebige Pause an einem Tisch mit Bänken vor der Kirche.

Der anschließende Weg führt uns durch einen Naturschutzpark.

In Formello macht der Weg einen Schlenker durch die Altstadt, der in unserem Plan nicht eingezeichnet ist. Ein Stück weiter entscheiden wir uns wieder einmal, auf der Landstraße weiter zu gehen, weil die Strecke kürzer ist. Aber es ist recht gefährlich, denn es herrscht reger Verkehr und es ist kein Seitenstreifen vorhanden. Wir müssen uns wieder durchfragen, denn die Wegweiser führten uns auf eine andere Strecke als unsere Karte ausweist. Schließlich, nachdem eine Abkürzung, die in unserer Karte eingezeichnet ist, nicht zu finden war und wir einige Strecken umsonst hin- und hergelaufen waren, kommen wir auf die „via cassia", auf der wir jetzt bis nach Rom gehen müssen.

Um 15 Uhr sind wir wieder alle in einem Zimmer vereint: Alice, Lisa, Sophia und wir beide sind bei den Nonnen vom „Istituto Suore Delle Poverelle", den Schwestern der Armut, in La Storta untergekommen. Es ist ein kleines, aber schönes und sauberes Zimmer mit zwei Etagenbetten und einem Einzelbett. Sophia und Lisa müssen oben schlafen, sie sind zuletzt angekommen (den Letzten beißen die Hunde, in diesem Fall: nach oben klettern). Nebenan im Zimmer ist noch ein italienisches Pilgerpaar, das von Rom nach Assisi gehen will, also die erste Etappe hinter sich hat.

Von Hunden wollte ich eigentlich nicht mehr berichten. Aber heute hat mich so ein kleiner Giftzwerg an einer Bar hinterrücks in das Bein gezwickt. Leider hielt Hanni gerade meine Stöcke, da ich in der Bar war, so dass ich dem Köter keine überbraten konnte. Sie konnte den Biss auch nicht verhindern, ich stand zwischen ihr und dem Hund.

Zum Süden hin werden die Städte und Dörfer immer schmutziger, die Fassaden werden oft nicht mehr gepflegt. In der Landschaft stehen oft Bauruinen. Auf so einem langen Weg fällt es deutlich auf, dass der Süden Italiens ärmer ist als der Norden.

Am Abend suchen wir noch ein Lokal, um etwas zu essen. An der langen Straße gibt es nur McDonalds und ähnliches. Also müssen wir mit einem solchen Lokal vorlieb nehmen. Dabei bekommen wir auch noch die Hochrechnungen der heutigen Bundestagswahlen mit.

Bevor wir schlafen, tauschen wir mit Sophia und Lisa noch die Adressen und verabschieden uns voneinander, da sich morgen vorrausichtlich unsere Wege trennen.

Montag, 23. September   30. Tag
La Storta – Rom

Die letzte Etappe.

Der Wecker klingelt um 5:45 Uhr. Mit uns steht auch Alice auf. Sie zieht kurz nach sechs Uhr los mit einem „See you later." Unsere Unterhaltungen waren immer etwas unterkühlt, da ich ihren breiten Dialekt nicht immer verstand, was sie mir wahrscheinlich übel genommen hat. Aber auch Lisa, die Englisch-Studentin, bestätigte mir, dass ihr Dialekt nicht so einfach zu verstehen wäre.

Gegen 6:30 Uhr sind auch wir startklar und nach dem obligatorischen Frühstück in einer Bar gehen wir auf die berüchtigte Piste. Man soll ja nicht in der Hauptverkehrszeit gehen. Aber wann ist in Rom keine Hauptverkehrszeit außer nachts? Viele Pilger fahren die letzte Etappe deshalb auch mit dem Zug, so wird erzählt und geschrieben. In dem Buch von Sophia und Lisa („Outdoor" von Ingrid Retterath) wird die Strecke als ganz fürchterlich mit „Römisches Roulette" beschrieben.

Aber es ist nicht so schlimm wie immer behauptet wird. Am Ende sind wir froh, nicht mit der Bahn gefahren zu sein und hätten das vermutlich immer bereut. Auch Sophia und Lisa wollten trotz der Beschreibung in ihrem Buch den Weg zu Fuß zurücklegen.

Noch etwas zu den Autofahrern in Rom: Sie fahren im dichten Verkehr sehr rücksichtsvoll; wenn ein Verkehrsteilnehmer aus einer Seitenstraße sich einordnen will, wird er immer vorgelassen. Gehupt wird nur, wenn der Anlass des Staus nicht zu erkennen ist.

Die Strecke ist gut ausgeschildert, fast überall an der „via cassia" und später an der „via trionfale" ist ein schmaler Gehsteig vorhanden, nur selten ein schmaler oder kein Seitenstreifen.

Es herrscht zwar starker Verkehr, aber es ist kaum einmal ein Lastwagen dazwischen. Das einzig Störende sind die Abgase, aber die wird man immer auf dieser Strecke haben.

Um 10:30 Uhr können wir zum ersten Mal vom Monte Mario aus über Rom blicken und kurz darauf sehen wir auch die Kuppel des Petersdoms.

Als wir um die Mauer des Vatikans Richtung Petersplatz gehen – eine lange Menschenschlange windet sich um die Ecken zu den Museen – werden unsere Schritte immer schneller, wie bei einem Endspurt. Und dann stehen wir auf dem Petersplatz.

Wir fragen uns durch, wo wir das Testimonium – die Urkunde als Bestätigung für den Pilgerweg – bekommen können. Ein Polizist schickt uns zu dem Lastwagen, wo es den Poststempel des Vatikans gibt. Aber das kann doch nicht richtig sein. Dann fragen wir links des Petersplatzes einen Schweizer Gardisten. Der kennt sich aus führt uns auf die richtige Spur.

Gleich hinter der Einfahrt bekommen wir einen Passierschein für den Vatikan und um 11:30 Uhr bekommen wir in einem Büro des Vatikans das Testimonium überreicht. Das ist schon ein bewegender Moment, als wir nach 666 Kilometern die „Pilgerbeglaubigung" bekommen.

Schließlich stehen wir wieder auf der Straße. Aber wir haben noch ein Ziel: Das deutsche Pilgerzentrum. Dort, in der Nähe der Engelsburg, bekommen wir einen zweiten „Timbro" für Rom in unseren Pilgerausweis und, was noch wichtiger ist, die Sonderkarten für die Papstaudienz am Mittwoch. Damit dürfen wir ganz vorne auf den erhöhten Plätzen sitzen und sind schon sehr gespannt. Die Karten für die Audienz hatte ich vor Beginn unseres Pilgerweges schon per Internet reserviert (www.pilgerzentrum.net).

Die Dame im Pilgerzentrum gibt uns geduldig Auskunft über alles, was wir wissen wollen – es ist außer uns niemand da – und dann fahren wir mit dem Bus und der Metro zu unserer Unterkunft, dem „Spedale della Provvidenza". Im Bus ist es sehr eng, wir können uns überhaupt nicht bewegen. Aber in der Metro haben wir Platz, die Menschen halten sich von uns fern. Da ich oft geschwitzt habe, sitzt der Geruch in den Trägern des Rucksacks; da nützt auch das tägliche Duschen nicht viel.

Wir wollen eigentlich drei Nächte bleiben, von Dienstag bis Donnerstag war uns vor einigen Tagen auch schon telefonisch zugesagt worden, aber wir können nur eine Nacht bleiben, weil ab morgen renoviert und somit geschlossen wird. Mal sehen, wie es weiter geht.

Willi, Linus und Doreen sind auch schon da, sie gingen heute Nacht um 3:30 Uhr von La Storta los, es seien fast keine Autos gefahren, berichten sie. Heute Vormittag besichtigten sie den Petersdom und jetzt schlafen sie.

Kurz vor uns kam noch ein holländisches Pilgerpaar mit dem Fahrrad an. Auch sie haben ihr Ziel erreicht, sie starteten vor vier Wochen in Mainz. Um 19 Uhr trifft noch eine Pilgerin (Alexandra) aus Österreich ein, die den Franziskusweg über Assisi gegangen ist. Allerdings startete sie schon 300 Kilometer vor Assisi (wahrscheinlich von La Verna), so dass sie jetzt auch schon nahezu 600 Kilometer hinter sich hat.

Um 19:30 Uhr gibt es Abendessen, es ist reichlich und gut. Es gibt keinen Käse (gut für mich), aber die beiden Vegetarierinnen (Doreen und Alexandra) haben Schwierigkeiten, weil Thunfisch im Salat ist. Vor dem Essen wird erst in italienischer, dann in englischer Sprache gebetet.

Die drei Studenten aus Berlin und die Holländer gehen abends noch aus, müssen aber bis 21:30 Uhr zurück sein, weil dann das Haus abgeschlossen wird.

Dienstag, 24. September

Rom

Kurz nach sieben Uhr verlassen wir das Haus zusammen mit Alexandra, die auch mit zum Petersplatz fährt, weil sie ebenfalls so ein schönes Testimonium haben möchte wie wir. Wir fahren mit dem Zug, der hält in der Nähe des Petersplatzes und wir müssen nicht umsteigen.

Jetzt ist hier auf dem Petersplatz noch nicht so viel los wie gestern Mittag. Nach den Kontrollen müssen wir unsere Rucksäcke in der Garderobe abgeben; das ist auch gut so, denn wir wollten sie nicht bei der Dombesichtigung mitschleppen.

Um neun Uhr beginnt in der Capella S. Giuseppe – der Josefskapelle – im Dom eine Heilige Messe. Wir sind rechtzeitig da und können u. a. noch die versprochenen Gebete für Thomas Choinsky und die Nonne von Regina Pacis in Cura sprechen.

Nach der Messe gehen wir durch die riesige Kirche, schauen uns in der Krypta die Gräber der letzten Päpste – Paul IV., Johannes Paul I. und Johannes Paul II. – an. Dessen Grab ist allerdings nicht in der Krypta, sondern oben in der Kirche zu finden. Auch am Grabmal des Heiligen Petrus kommen wir vorbei. Dann fahren wir mit dem Aufzug bzw. gehen das letzte Stück auf die Kuppel, um einen Blick über Rom und den Vatikan zu genießen.

Nach dem Besuch des Petersdoms gehen wir nochmal in das deutsche Pilgerzentrum, um eine neue Unterkunft zu suchen. Wir bekommen ein schönes B&B-Zimmer 500 Meter nördlich des Petersplatzes und können es um 14 Uhr beziehen. Da mein Knie verbunden ist, dürfen wir mit dem Aufzug in das Apartment hinauf fahren. Er ist jedoch so schmal und kurz, dass wir hintereinander stehen müssen. Mit den Rucksäcken können wir uns nicht drehen und kommen kaum an die Bedienknöpfe.

Am Nachmittag machen wir noch einen Einkaufsbummel, am Abend gehen wir in der Nähe der Piazza Navona im „Navona Notte" zum Essen.

Mittwoch, 25. September

Rom

Wir stehen sehr früh auf, um rechtzeitig zur Papstaudienz zu kommen und auch noch einen Sitzplatz zu ergattern. Als wir kurz vor sieben Uhr am Petersplatz ankommen, stehen schon Hunderte von Menschen vor den Einlässen, Viertel vor Acht geht das Gerenne um die besten Plätze los. Da wir Sonderkarten haben, bekommen wir immerhin in der zehnten Reihe vom Altar entfernt einen Sitzplatz. Es gibt nach meiner Schätzung etwa zweitausend Ehrenplätze auf der Höhe des Altares.

Als der Papst gegen zehn Uhr eintrifft, springen etwa zweitausend Menschen nahezu hysterisch auf die Stühle; was unten bei den Zehntausenden passiert, kann ich nicht sehen. Ich bleibe sitzen, denn der Papst wird in spätestens einer halben Stunde nicht weit von uns seine Audienz geben, und dann müssen alle, die einen Stuhl haben, sich hinsetzen, wer keinen hat, wird nach hinten geschickt.

Die Predigt hält der Papst in italienischer Sprache, danach werden Grüße und eine Zusammenfassung der Predigt in französischer, englischer, deutscher, spanischer, portugiesischer, arabischer und polnischer Sprache verlesen. Kurz nach 11:30 Uhr geht die Audienz mit dem päpstlichen Segen und dem gemeinsamen Singen des „Vater unser" zu Ende.

Zehntausende jubeln dem Papst noch einmal zu, der sich jetzt 75 Minuten Zeit lässt, um auf der Ehrentribüne Kardinäle, Brautpaare, kleine Kinder, Geistliche und viele begeisterte Menschen persönlich zu begrüßen. Dabei schenkt er auch eines seiner Scheitelkäppchen, das er mehrmals wechselt, einem kleinen behinderten Kind. Gegen 13 Uhr, nachdem der Papst weggefahren ist, wird der Petersplatz geräumt, um die Kontrollstellen für den Besuch des Petersdomes aufzubauen.

Wir brechen auf, weil wir noch den Trevibrunnen und die Spanische Treppe sehen möchten. Nach einem Espresso im „Greco", dem ältesten Café Roms (250 Jahre), gehen wir Richtung Tiber, wo wir in der „Antica Taverna" bei einem gemütlichen Abendessen den Besuch Roms abschließen.

Zurück in der Unterkunft treffen wir noch zwei Pilger, die mit dem Fahrrad nach Rom gefahren sind, über 1.400 Kilometer; einer von beiden hat eine Beinprothese. Als wir uns über die Papstaudienz und die Hysterie der Menschen unterhalten, meint einer der beiden, keiner sollte vergessen, dass über dem Papst noch einer steht.

Papst Franziskus (Foto: Hannelore Hahn)

Donnerstag, 26. September

Rückreise

Kurz nach sieben Uhr verlassen wir unser schönes Zimmer und machen uns auf, um mit Bus und Metro zum Bahnhof Termini zu fahren. An der Bushaltestelle bekommen wir wieder freundlich – wie immer in den letzten Tagen – Auskunft, wie wir denn am besten zum Bahnhof kämen.

Wenn die Leute, die wir fragten, nicht selbst Auskunft geben konnten, beratschlagten sie sich mit anderen, bis sie uns die richtige Antwort geben konnten.

Um 8:22 Uhr sagen wir im Leonardo Express Rom Arrivederci und kommen um 15:20 Uhr mit dem Flugzeug in Düsseldorf an. Am Abend hat uns Paderborn wieder; der wunderschöne Pilgerweg ist leider zu Ende.

Fünf Wochen ohne Radio, Fernsehen, Internet und ohne Zeitung. Und wenn ich das Radio einschalte und die Werbung oder die Nachrichten höre, dann weiß ich, dass ich nichts von allem vermisst habe.

Einige Monate später:

Mein Fuß und mein Knie haben sich fast erholt. Mit Hilfe neuer Einlagen – die ersten waren verbraucht – sowie Spritzen mit Gelenkschmiere in das Knie und Massagen kann ich wieder richtig gehen.

Auch Hannis Füße brauchten einige Wochen, um das ursprüngliche Aussehen wieder zu erlangen.

verschiedene Wegweiser

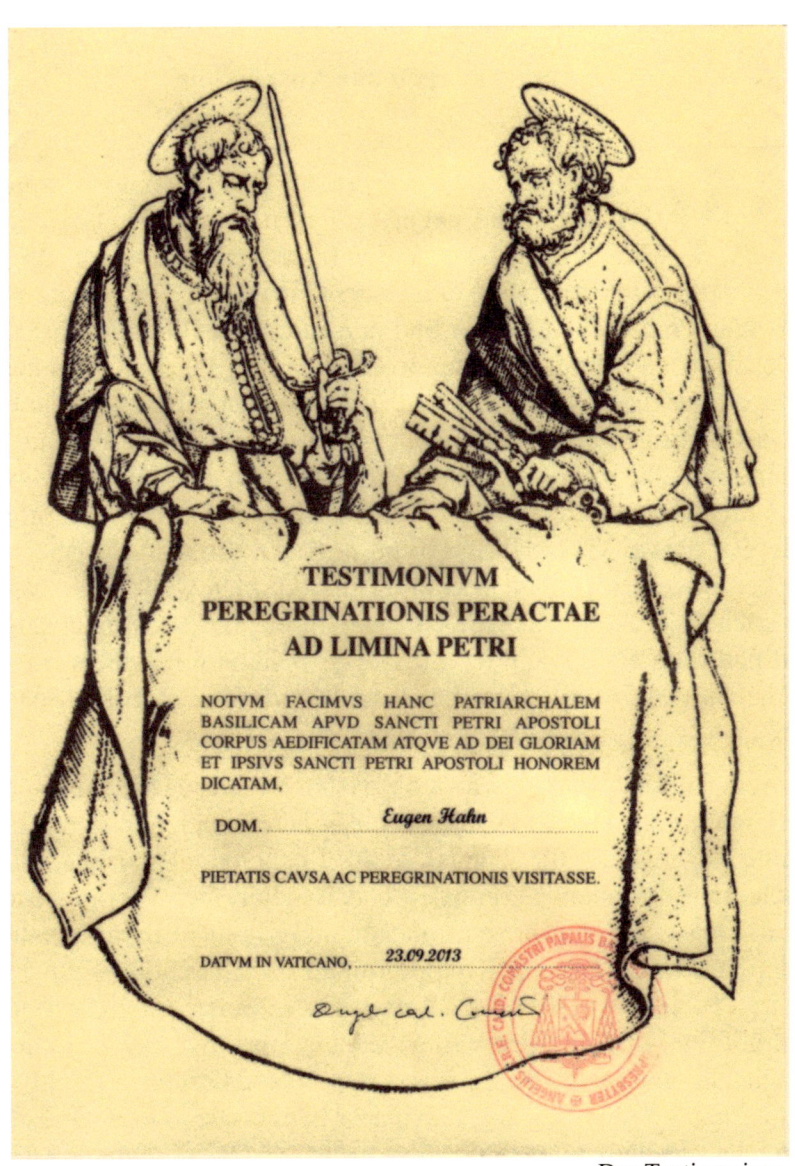

Das Testimonium

Noch einige

Anmerkungen zur Ausrüstung

Wir empfanden es als große Erleichterung, ein paar Wanderstöcke dabei zu haben, besonders bei steilen Anstiegen und auf Gefällstrecken. Außerdem ist ein Regencape (Kraxenponcho, umschließt auch den Rucksack, lässt kein Wasser zwischen Körper und den Rucksack fließen) sehr empfehlenswert. Wir brauchten ihn zwar nur zwei Mal, aber man hat ja nicht immer das Glück, bei so schönem Wetter zu gehen. Als Unterwäsche trugen wir Merinowolle, die riecht nicht so wie Funktionsunterwäsche aus Kunstfaser. Zur Not kann man sie auch zwei oder drei Tage anziehen ohne dass schlechter Geruch aufkommt. Jeder hatte zwei Wasserflaschen mit je einem Liter Inhalt dabei, die wir bei jeder Gelegenheit wieder auffüllten; man weiß ja nie, wann die nächste Wasserstelle erreicht wird. Vernünftige Wanderschuhe sind natürlich auch wichtig. Wir trugen Schuhe mit hohem Schaft; die haben den Vorteil, dass bei Regen kein Wasser in die Schuhe fließt.

Mein Rucksack wog etwa zwölf, Hannelores etwa sieben bis acht Kilogramm (einschließlich Wasser). Außerdem hatten wir noch eine leichte Regenjacke (für abends), je zwei Paar Wandersocken, leichte Kleidung für abends, Sandalen und Badelatschen für die Dusche dabei. Gegen die starke Sonnenbestrahlung braucht man unbedingt einen Hut, möglichst mit Krempe rundum. Sehr schön ist auch ein kleines Tuch (etwa 20 cm x 20 cm), das in einen winzigen Beutel geknüllt wird und für allerlei Gelegenheiten genutzt werden kann, z. B. wird es mit einem Schluck aus der Wasserflasche getränkt und dient dann zur Erfrischung. Zahnpasta hatten wir in kleinen Tuben dabei. Nachschub gibt es in allen größeren Orten. Zum Waschen bzw. Duschen und zum Wäschewaschen ist eine Kernseife zu empfehlen. Für die Nacht hatten wir einen ganz leichten Schlafsack aus Seide, nicht gegen die Kälte, sondern wegen der Hygiene; viele der Decken und Unterlagen in den Betten werden nur sehr selten gewaschen. Wer später im Jahr oder im Frühjahr pilgert, der sollte allerdings einen etwas dickeren Schlafsack mitnehmen, die Nächte sind dann kühler.

Für weitere Tipps empfehle ich die Seiten für Pilgerinformationen von www.eurovia.tv, z. B. Vorschläge für die medizinische Ausrüstung. Dort bekommt man auch Kartenmaterial. Dies ist sehr handlich, wenn man es in einem wasserdichten Klarsichtbeutel (gibt es in Outdoor-Läden) steckt und sich um den Hals hängt. Noch besser (aber unhandlicher) ist eine sehr ausführliche Wegbeschreibung in dem Buch „Outdoor – Via Francigena" von Ingrid Retterath. Bei Eurovia gibt es auch einen Pilgerausweis (s. S. 113). Den braucht man zum einen um sich als Pilger in den Unterkünften vorzustellen und zum anderen, um in Rom das Testimonium zu erhalten. Diesen Pilgerausweis erweiterte ich allerdings um einige Seiten, da er für die vielen Stempel nicht ausreichte. Für die Planung der Unterkünfte gibt es ein kleines Heftchen mit nahezu 500 Übernachtungsmöglichkeiten. Um in Touristenhochburgen oder in ganz kleinen Orten mit nur einer Unterkunft keine Überraschung zu erleben, empfiehlt es sich, morgens die nächste Unterkunft telefonisch für den Abend zu reservieren. Wer kein oder nur wenig italienisch spricht, sollte ein kleines Wörterbuch mitnehmen.

Pilgerausweis

Empfehlenswerte Herbergen

Parrocchia di Santa Maria in Betlem
Pavia
Via Pasino 7
Tel.: (+39) 0382 575381
Pilger: 20 Euro
Andere: 22 Euro

Cascino San Pietro
Orio Litta
Piazza dei Benedettini
Tel.: (+39) 0377 944436
Spende
"Vecchia Osteria" in der Nähe
Ostello San Pietro

Piacenza-Montale
Via Emilia Parmense 189
Tel.: (+39) 333 1493595
10 Euro, Schlüssel in San Lazzaro abholen (ca. 1,5 km Richtung Piacenza)
Osteria "La Laconda di Minny" in der Nähe (sehr empfehlenswert)

Parrocchia di Santa Margherita
Sivizzano
Signora Enrica
Selber kochen möglich, Lebensmittelladen am Eingang des Dorfes, ca. 700 m vor der Herberge
10 Euro, mit Küchennutzung 13 Euro

Convento Frati Cappuccini
Pontremoli
Via ai Cappuccini 6
Tel.:(+39) 0187 830395
cappuccinipontremoli.it

Chiesa di San Caprasio
Aulla
Piazza Abbazia
Tel.: (+39) 0187 420 148 oder
       (+39) 339 6380331
selber kochen möglich

Casa Diocesana La Rocca
Pietrasanta
Via della Rocca 10
Tel.: (+39) 0584 793093 /-94
10 Euro

Ostello della Gioventù San Frediano
Lucca
Via d. Cavalleriza 12
Tel.: (+39) 0583 469957
23 Euro oder
DZ 61 – 71 Euro incl. Frühstück

Ostello Communale
Ponte a Cappiano
Via Colombo 237 (im Gebäude
auf der Brücke)
Tel.:(+39)0571 297831 / 401469
10 Euro

Monastero San Girolamo
San Gimignano
Via Folgore 30 – 32
27 Euro

Accoglienza Pellegrini
ad Abbadia a Isola
Abbadia Isola
Parrocchia di San Cirino 4
Tel.: (+39) 329 6593778
Spende (incl. Abendessen und Frühstück)

Siena Hostel
Siena
Via Fiorentina
Tel.: (+39) 0577 169 8177
20 Euro

Parrocchia San Quirico e Giulitta
San Quirico d'Orcia
Piazza Chigi 1
Tel.:   (+39) 0577 897236
9 Euro
selber kochen möglich

Ass. Casa Lazzaro
Acquapendente
Via Cappuccini 21
Tel.: (+39) 0763 730177
Spende; in der Ortsmitte rechts ab,
liegt außerhalb, selber kochen möglich

Suore SS. Sacramento
Bolsena
Piazza Santa Cristina 14
Tel.: (+39) 0761 799058
10 Euro

Monastero "Regina Pacis"
Vetralla-Cura
Via del Giardino 4
Tel.: (+39) 0761 481519
Übernachtung 15 Euro,
Halbpension 30 Euro

Monache Carmelitane di Clausura
Sutri
Via Garibaldi 1
15 Euro

Istituto Suore Delle Poverelle
La Storta
Via Baccarica 5
Tel.:   (+39) 0630 890495
10 Euro

Alice's Home – Bed & Breakfast (St. Peter)
(Anfrage auch auf Deutsch)
Roma
Via Tommaso Campanella 68
Tel.: (+39) 328 5519948
www.aliceshome.it
DZ 70 Euro (incl. Frühstück)

Streckenlängen

Vercelli – Robbio	24 km
Robbio – Tromello	34 km
Tromello – Pavia	32 km
Pavia – Santa Cristina	27 km
Santa Cristina – Orio Litta	18 km
Orio Litta – Piacenza-Montale	25 km
Gesamt (1. Weg):	**160 km**
Piacenza-Montale – Fiorenzuola	22 km
Fiorenzuola – Costamezzana	32 km
Costamezzana – Sivizzano	34 km
Sivizzano – Berceto	24 km
Berceto – Pontremoli	29 km
Pontremoli – Aulla	28 km
Aulla – Sarzana	18 km
Sarzana – Pietrasanta	36 km
Pietrasanta – Lucca	34 km
Lucca – Ponte a Cappiano	33 km
Ponte a Cappiano – San Miniato Basso	14 km
San Miniato Basso – Coiano	13 km
Coiano – San Gimignano	27 km
San Gimignano – Abbadia Isola	22 km
Abbadia Isola – Siena	16 km
Siena – Ponte d'Arbia	33 km
Ponte d'Arbia – San Quirico d'Orcia	28 km
San Quirico d'Orcia – Radicofani	30 km
Radicofani – Acquapendente	26 km
Acquapendente – Bolsena (ohne Autofahrt)	10 km
Bolsena – Montefiascone	21 km
Montefiascone – Viterbo	22 km
Viterbo – Vetralla-Cura	27 km
Vetralla-Cura – Sutri	22 km
Sutri – Campagnano di Roma	22 km
Campagnano di Roma – La Storta	25 km
La Storta – Roma (Vaticano)	18 km
Gesamt (2. Weg):	**666 km**

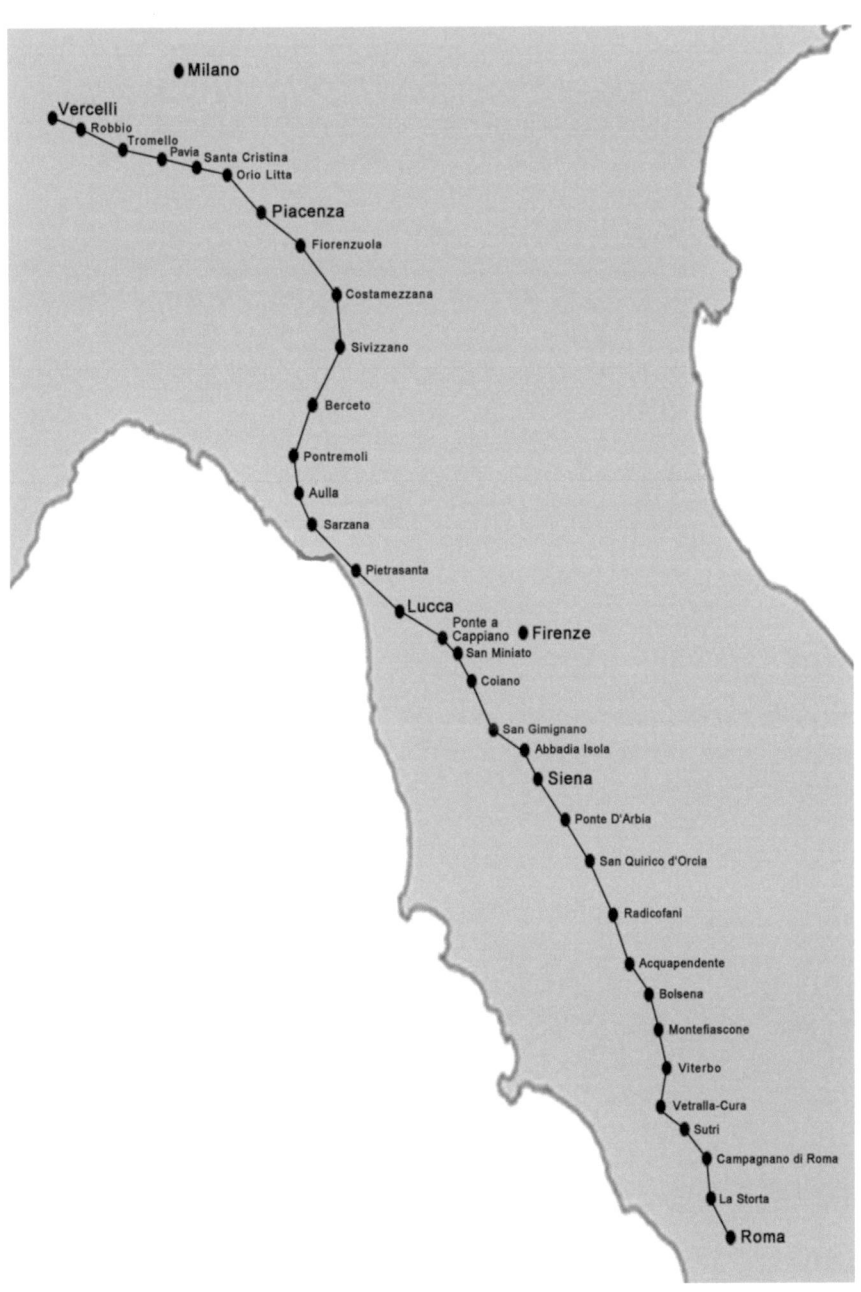